אָלֶף בֵּית

ד	ג	ב	בּ	א
ט	ח	ז	ו	ה
ל	ך	כ	כּ	י
ס	ן	נ	ם	מ
צ	ף	פ	פּ	ע
שׂ	שׁ	ר	ק	ץ
			ת	תּ

HERITAGE WORD LIST - מִלּוֹן

א	אָדָם	the first human, man
	אַהֲבָה	love
	אֱלֹהִים	God
	אֵלִיָּהוּ הַנָּבִיא	Elijah the prophet
	אָלֶף	*alef*
	אָלֶף בֵּית	*alef bet*
	אָמֵן	Amen
	אֱמֶת	truth
	אֲפִיקוֹמָן	*afikoman*
	אֲרוֹן הַקֹּדֶשׁ	the Holy Ark
ב	בַּר מִצְוָה	bar mitzvah
	בָּרוּךְ	praised, blessed
	בְּרָכָה	blessing
	בַּת	daughter
	בַּת מִצְוָה	bat mitzvah
ה	הַבְדָּלָה	*havdalah,* separation
	הַגָּדָה	*haggadah*
	הַמּוֹצִיא	blessing over bread
	הַמּוֹצִיא לֶחֶם	Who brings forth bread
	הַפְטָרָה	haftarah
	הָרַחֲמָן	the Merciful One (God)
	הַתִּקְוָה	the Hope, national anthem of Israel
ו	וְאָהַבְתָּ	and you shall love
ח	חַג שָׂמֵחַ	happy holiday
	חַי	live
	חַלָּה	*ḥallah,* braided bread
	חָמֵץ	leavened food
	חֻמָּשׁ	Five Books of Moses
	חֶסֶד	kindness
ט	טַלִּית	*tallit,* prayer shawl
י	יְהוּדִים	Jews
	יוֹם טוֹב	holiday, festival
	יְצִיאַת מִצְרַיִם	Exodus from Egypt
	יְרוּשָׁלַיִם	Jerusalem
	יִשְׂרָאֵל	Israel
כ	כַּלָּה	bride
	כִּפָּה	*kippah,* skullcap
ל	לְחַיִּים	to life
מ	מְגִלָּה	scroll
	מָגֵן דָּוִד	Shield of David, Jewish Star
	מְזוּזָה	*mezuzah*
	מַזָּל טוֹב	congratulations
	מַחֲזוֹר	*maḥzor*
	מֶלֶךְ	king, ruler
	מַלְכָּה	queen
	מִנְיָן	*minyan,* ten Jewish adults
	מַצָּה	matzah
	מִצְוָה	commandment
	מָשִׁיחַ	Messiah
	מִשְׁפָּחָה	family
נ	נָבִיא	prophet
	נֶפֶשׁ	soul
	נֵר תָּמִיד	eternal light
ס	סִדּוּר	prayerbook
	סֵדֶר	seder
	סֵפֶר תּוֹרָה	Torah scroll, Five Books of Moses
ע	עִבְרִית	Hebrew
	עֲלִיָּה	*aliyah,* going up
	עֵץ חַיִּים	tree of life
	עֲשֶׂרֶת הַדִּבְּרוֹת	Ten Commandments
פ	פֶּסַח	Passover
צ	צְדָקָה	justice
	צִיצִית	fringes on *tallit*
ק	קַבָּלַת שַׁבָּת	Welcoming Shabbat
	קִדּוּשׁ	Kiddush
	קָדוֹשׁ	holy
	קַדִּישׁ	Kaddish
ר	רֹאשׁ הַשָּׁנָה	Jewish New Year
ש	שַׁבָּת	Shabbat
	שַׁבָּת הַכַּלָּה	the Sabbath Bride
	שַׁבָּת הַמַּלְכָּה	the Sabbath Queen
	שַׁבָּת שָׁלוֹם	a peaceful Shabbat
	שׁוֹפָר	shofar
	שָׁלוֹם	hello, good-bye, peace
	שִׂמְחַת תּוֹרָה	Rejoicing of the Torah
	שְׁמַע	hear
	שַׁמָּשׁ	helper
	שָׁנָה טוֹבָה	Happy New Year
ת	תּוֹרָה	Torah, teaching
	תְּפִלָּה	prayer

שָׁלוֹם וּבְרָכָה

The New Hebrew Primer

Script Edition

Pearl Tarnor
Carol Levy

Activities:
Roberta Osser Baum

Behrman House, Inc.

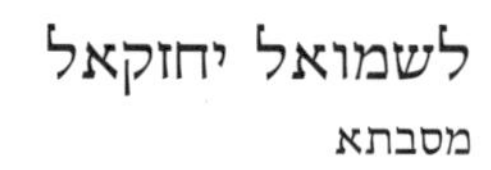

לשמואל יחזקאל
מסבתא

לקובי ורעה
מאמא

ושננתם לבניך

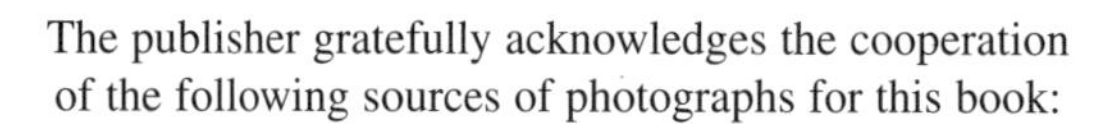

The publisher gratefully acknowledges the cooperation
of the following sources of photographs for this book:

Creative Image Photography 11, 30, 37, 50, 55, 85, 102, 106, 113, 125, 131, 142, 147;
Francene Keery 15, 43, 60, 70; Gila Gevirtz 23; Israel Information Center, Jerusalem 74;
Michael Kaimowitz 79; Rabbi Norman Patz 90; Bill Aron 96; Sunny Yellen, 136

Book Design: Robert O'Dell; Irving S. Berman
Cover Design: Irving S. Berman
Electronic Composition and Page Production: 21st Century Publishing and Communications
Artists: Joni Levy Liberman (Chapter Openers); Deborah Zemke (Activity Art)
Project Manager: Terry S. Kaye

Springfield, New Jersey
ISBN 0-87441-677-9
Manufactured in China

TABLE OF CONTENTS

LESSON

שַׁבָּת

SHABBAT

NEW LETTERS

NEW VOWELS

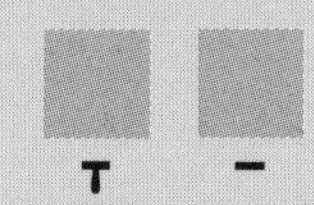

1 בַּ בַּ בַּ בַּ בַּ בַּ

2 בָּ בָּ בָּ בָּ בָּ בָּ

3 בּ בַּ בּ בָּ בַּ בּ

4 בַּבַּ בַּבָּ בָּבּ בַּבּ בַּבָּ בָּבַּ

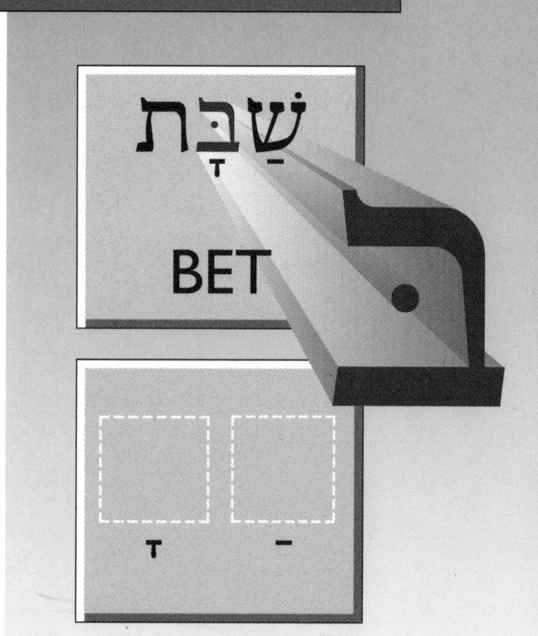

SEARCH AND CIRCLE

Read aloud the sound each letter makes.

Circle the one sound that is different.

1	בּ	בּ	בּ	בַּ	בּ	בּ
2	בָּ	בָּ	בּ	בָּ	בָּ	בָּ
3	בּ	בַּ	בּ	בּ	בּ	בּ
4	בַּ	בַּ	בַּ	בּ	בַּ	בַּ

SOUNDS LIKE

Read each line aloud.

Circle the Hebrew sounds on each line that are the same.

1	בַּ	בּ	בָּ
2	בּ	בַּ	בּ
3	בּ	בָּ	בָּ
4	בָּ	בָּ	בּ
5	בּ	בַּ	בּ
6	בָּ	בּ	בַּ

שַׁבָּת

TAV

1	תַ	תָּ	תַּ	תָ	תַּ	תַּ
2	תָּ	תָ	תּ	תָּ	תַ	ת

BE ALERT!

The letters ת and תּ make the same sound.

What sound do they make?

How do they look different?

NOW READ  & READ AGAIN

1 תַּ בַּ בּ תָּ תַּ תַּ

2 בָּ בּ תּ תָּ תַּ בַּ

3 תַּת תָּתָּ תָּת תַּבָּ תַּבַּ תַּת

4 תַּבָּ תַּבּ בַּת תַּבַּ בַּת תַּבּ

5 בַּת בָּתָּ תָּבּ בָּבּ תַּבּ בַּת

6 תַּבָּת בַּתָּת תַּבָּבּ בָּבָּת בַּבַּת

HERITAGE WORD

Can you find this Hebrew word above? Read and circle it .

daughter בַּת

CHALLENGE

How many times did you read the word for *daughter*?__________

WORD RIDDLE

I am written on a scroll. I am kept in the Ark. I am read in the synagogue. My name begins with the letter תּ. What am I?

SEARCH AND CIRCLE

Read aloud the sound each letter makes.

One letter on each line makes a different sound.

Say the name of the letter that sounds different and circle it. What sound does it make?

What sound do the other letters on the line make? What is the name of these letters?

1	בּ	בּ	תּ	בּ	בּ	בּ
2	תּ	תּ	תּ	תּ	בּ	תּ
3	תּ	בּ	בּ	בּ	בּ	בּ
4	ת	ת	ת	בּ	ת	ת
5	תּ	תּ	תּ	תּ	תּ	בּ
6	בּ	תּ	בּ	בּ	בּ	בּ

NOW READ & READ AGAIN

1 בָּ בַּ בּ בַּ בָּ בּ

2 תָּ תַ תּ תָּ תַ ת

3 שַׁשׁ שַׁבּ שָׁת שָׁשַׁ שָׁבַּ שָׁתָּ

4 בַּשׁ תָּשׁ בַּת שַׁתּ בָּשָׁ בַּת

5 שַׁבַּשׁ תָּשַׁבּ תַּבָּשׁ תַּבַּת בַּשָׁת

6 שַׁבַּבּ בַּתָּבּ תָּתַּבּ בַּבָּת תַּבַּת

7 תַּבָּת שַׁבַּתָּ בַּשָׁת בַּשָׁשׁ בַּבָּת

8 שַׁבָּת שַׁבָּת שַׁבָּת שַׁבָּת שַׁבָּת

HERITAGE WORD

Can you find this Hebrew word above? Read and circle it .

Shabbat שַׁבָּת

CHALLENGE

God created the world in six days. On the seventh day God rested.

Which line contains the name of that special day? 5

SEARCH AND CIRCLE

Read aloud the Hebrew sounds on each line.

Circle the Hebrew that sounds the same as the English in the box.

שַׁ	בּ	ת	תַּ	בַּ	שׁ	BAH	1
בּ	תּ	תָּ	שָׁ	שׁ	בָּ	TAH	2
בּ	שָׁ	בָּ	תַּ	שׁ	בַּ	B	3
בַּ	בּ	תַּ	שָׁ	שׁ	תּ	SHAH	4
שׁ	בָּ	תָּ	שׁ	תַ	ת	T	5
שַׁ	שׁ	בּ	תּ	תָּ	שָׁ	SH	6

CONNECTIONS

Connect each Hebrew letter to its name. What sound does each letter make?

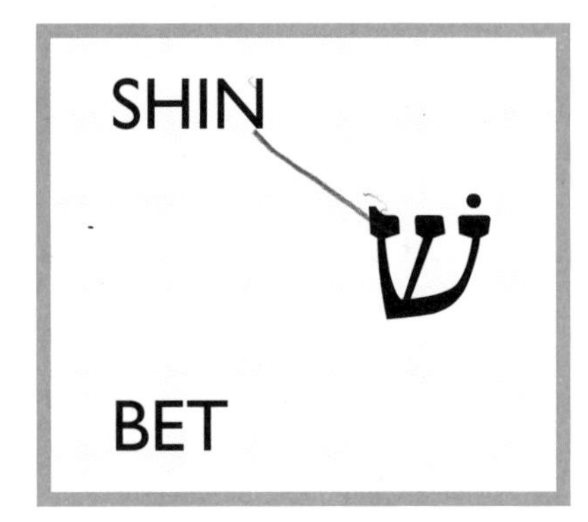

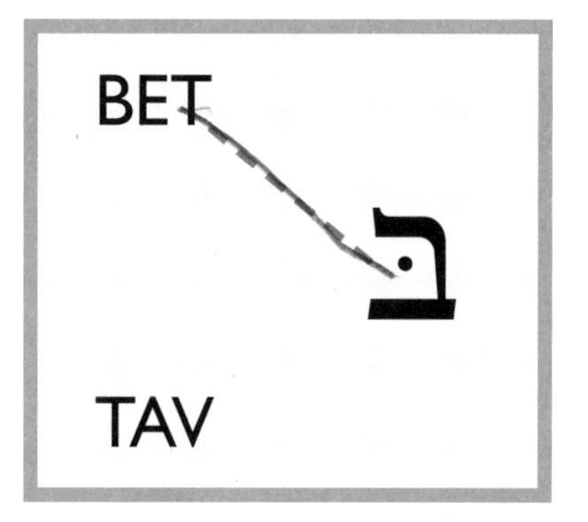

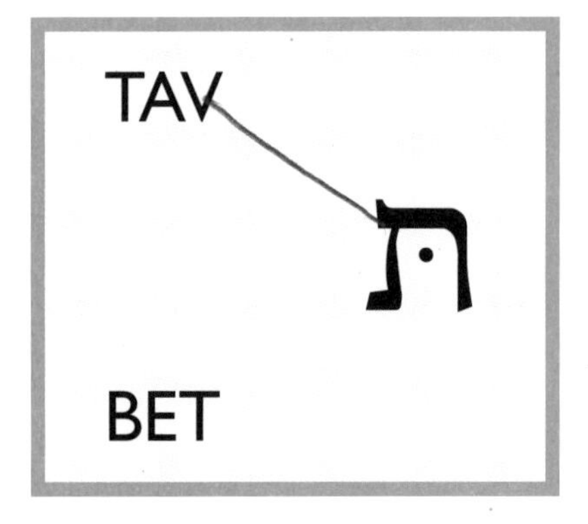

BE ALERT!

The beginning of a Hebrew letter's name usually tells you the sound the Hebrew letter makes.

Bet (בּ) makes the sound _______.

Tav (תּ **or** ת) makes the sound _______.

Shin (שׁ) makes the sound _______.

WRITING PRACTICE

Write the Letters

בּ

ת

שׁ

Write the Words

Write the Hebrew word for *daughter*.

בַּת

Write the Hebrew word for *Shabbat*.

שַׁבָּת

CIRCLE THE LETTERS

Circle the name of each letter.

Write each letter.

1	ת	BET	TAV	SHIN
2	בּ	TAV	SHIN	BET
3	שׁ	SHIN	BET	TAV
4	ת	TAV	BET	SHIN

THE LIVING TRADITION שַׁבָּת

שַׁבָּת means "rest." We rest on the seventh day of the week. We call this day שַׁבָּת. On Friday evening, when שַׁבָּת begins, we welcome it with blessings and songs.

WELCOMING שַׁבָּת

Write the word שַׁבָּת on the line below each object we use to welcome שַׁבָּת.

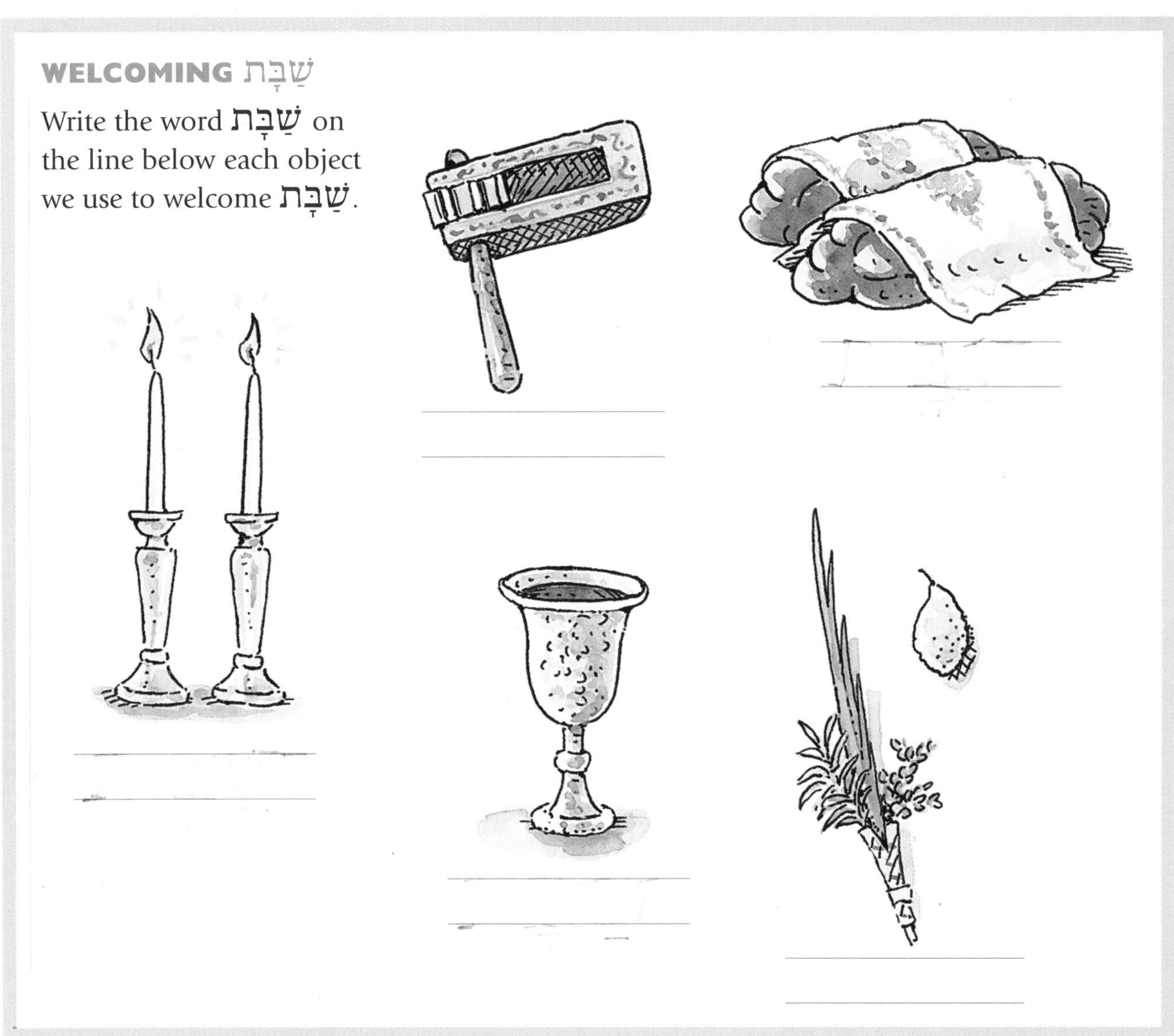

LESSON 2

שַׁמָּשׁ
HELPER

LETTERS YOU KNOW

בּ ת תּ שׁ

VOWELS YOU KNOW

ָ ַ

NEW LETTER

מ

שַׁמָּשׁ

MEM

מ

1 מַ מָ מ מָ מ מַ

2 מַ בּ ת תָּ מָ שָׁ

3 מַ מָ שׁ שַׁ מָ שׁ

NOW READ & READ AGAIN

1 שַׁמָ מָשׁ מַמָ מָשׁ שַׁבָּ בָּת

2 מַשׁ מַבּ מָת מַמַ מַתַּ מַבָּ

3 בַּמַ שָׁמָ תָּמָ בַּת בָּמָ תַמַ

4 מָשַׁבּ מָתַּשׁ מַבַּת מַמַת בָּמָשׁ

5 תָּמַשׁ שַׁבָּת תַּמַת מַבָּשׁ מָשַׁשׁ

6 שַׁבָּת שַׁמָשׁ מָתָּשׁ מָשַׁשׁ שַׁמָשׁ

7 שַׁמָ שַׁמָשׁ שַׁבָּ שַׁבָּת שַׁמָשׁ

8 שַׁבָּת שַׁמָשׁ שַׁבָּת שַׁמָשׁ שַׁבָּת

HERITAGE WORD

Can you find this Hebrew word above? Read and circle it .

helper candle on the *ḥanukkiah* שַׁמָשׁ

CHALLENGE

How many times did you read the word for *helper*?____________

SEARCH AND CIRCLE

Say the name and sound of the Hebrew letter in each box.

Circle the English that makes the same sound as the Hebrew.

T	M	B	SH	ת	1
MAH	SHAH	SH	TAH	שָׁ	2
M	TAH	MAH	BAH	מָ	3
MAH	SH	TAH	SHAH	שׁ	4
BAH	T	B	TAH	בָּ	5

WORD RIDDLE

You eat me on Passover. I am flat and crunchy.

My name begins with the letter מ.

What am I?

WRITING PRACTICE

Write the Letter

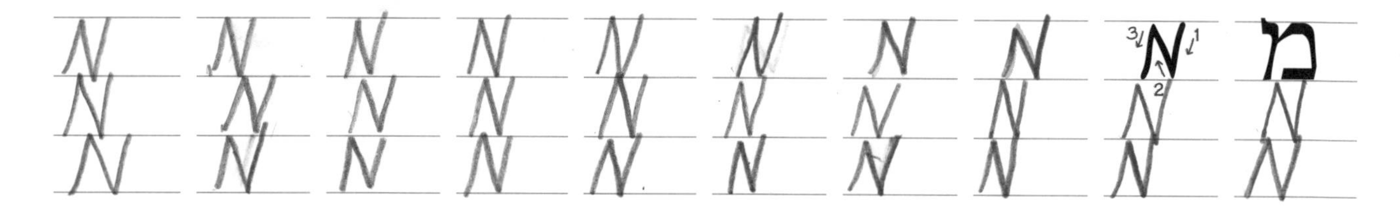

Write the Words

Write the Hebrew word for *helper.*

שַׁמָּשׁ

Write the Hebrew word for *Shabbat.*

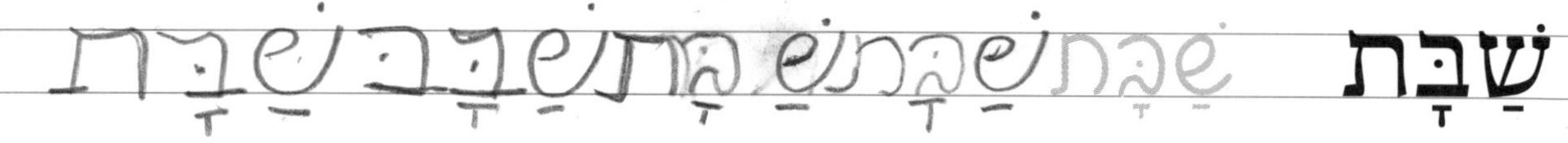

שַׁבָּת

THE LIVING TRADITION שַׁמָּשׁ

שַׁמָּשׁ means "helper." The שַׁמָּשׁ is the helper candle on the *ḥanukkiah,* the Ḥanukkah *menorah.* We use the שַׁמָּשׁ to light the other candles.

HERITAGE CONNECTIONS

Connect each letter to the picture whose name begins with the same sound.

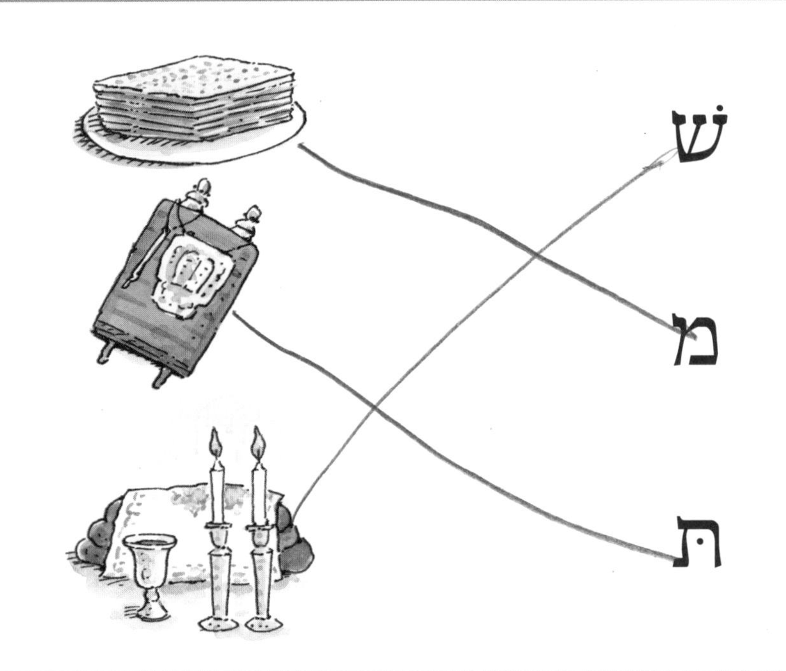

NAME THE LETTER

Write the Hebrew letter under its name.

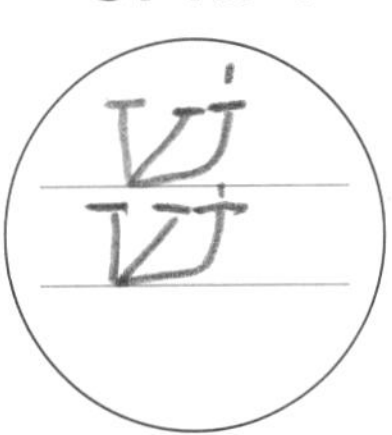

BET

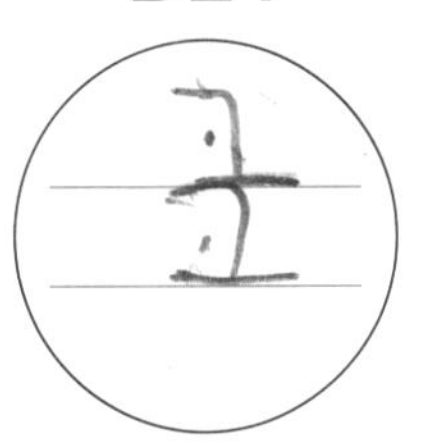

TAV

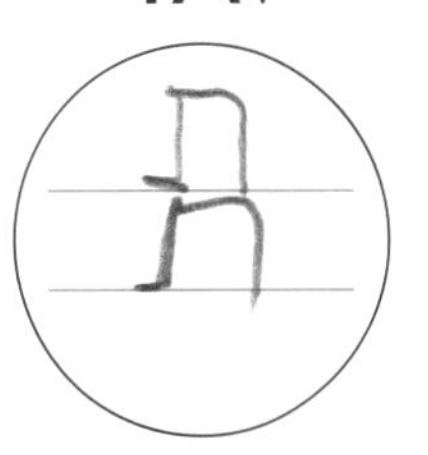

MEM

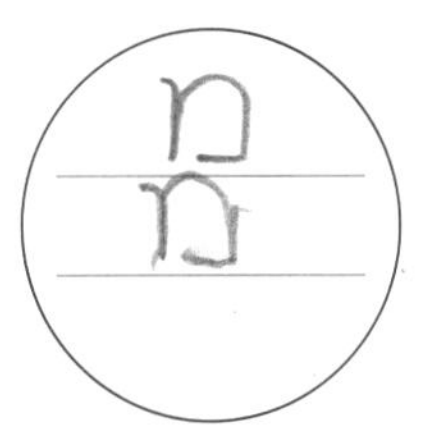

LESSON 3

כַּלָּה

BRIDE

LETTERS YOU KNOW

בּ ת תּ שׁ מ

NEW LETTERS

VOWELS YOU KNOW

ַ ָ

1. לַ לָ ל לָ ל לַ
2. לָ לַ ל מַ מָ מ
3. לָ בָּ תַּ שַׁ מָ תָ

NOW READ & READ AGAIN

1 שׁ שַׁ בַּ בּ תַּ תָ

2 תַּל שַׁל לָתּ לָשׁ מַמָ לַמָ

3 לַבַּ לָל לַתַּ לָשָׁ לָמָ לַתּ

4 מַל תַּל שָׁל בַּל לַל שָׁמָ

5 מַמָשׁ מַלָת בָּלַת שָׁלַשׁ בַּת

6 מָלַל לַבַּת תָּלַל מָשָׁל מָלַל

7 בַּלָשׁ שַׁמָשׁ תָּלַשׁ שָׁלָל לַמָשׁ

8 שַׁמָשׁ לַשַׁמָשׁ שַׁבָּת לַשַׁבָּת שַׁמָשׁ

CHALLENGE

How many times did you read the Hebrew word for *helper*? ________

Write the word. ________________

How many times did you read the Hebrew word for *daughter*? ________

Write the word. ________________

SOUNDS LIKE

Read each line aloud.

Circle the Hebrew sounds on each line that are the same.

1	מַשׁ	שַׁמ	מָשָׁ	מָשׁ
2	לָשָׁ	שָׁלָ	שַׁלַ	שַׁל
3	בַּתָ	בַּת	בָּת	תַּב
4	לַבָּ	בַּלָ	לַבּ	לָבַּ
5	לַל	לַמַ	לָמָ	מַל

SEARCH AND CIRCLE

Read aloud the Hebrew sounds on each line.

Circle the Hebrew that sounds the same as the English in the box.

1	LAH	ל	תַּ	שׁ	לַ	בַּ
2	M	מָ	מ	ת	בּ	ל
3	MAH	שַׁ	בַּ	מַ	תַּ	מ
4	L	ל	שׁ	בּ	לַ	תּ
5	SHAH	שַׁ	בַּ	שׁ	בּ	מַ

כַּלָּה

KAF

1	כַּ	כָּ	כּ	כָּ	כַּ	כּ
2	כַּ	בָּ	ל	ת	שַׁ	מַ
3	בָּ	כַּ	ת	בָּ	כַּ	מַ

1 כַּ כָּ כ בָּ בַּ ב

2 כַּבָּ כַּלָ כָּמָ כָּשׁ כַּת כָּשָׁ

3 לַכָּ מַכָּ תַּכַּ בַּכָּ שָׁכַּ כָּלָ

4 לָמָ בַּלָ תַּכַּ שָׁמָ מָכָּ בַּת

5 כַּבַּת מַכַּת כַּלָשׁ כָּלַל תַּכַּת

6 כַּלַת כָּלַל כָּתַשׁ כָּשַׁל בָּלָת

7 שַׁמָשׁ שַׁמָשׁ שַׁבָּת שַׁבָּת מַמָשׁ

8 שַׁבָּת לַשַׁבָּת שַׁבָּת כַּשַׁבָּת כַּשַׁבָּת

SOUND OFF

Circle the sound each Hebrew letter makes. Say the sound.
What is the name of each letter?

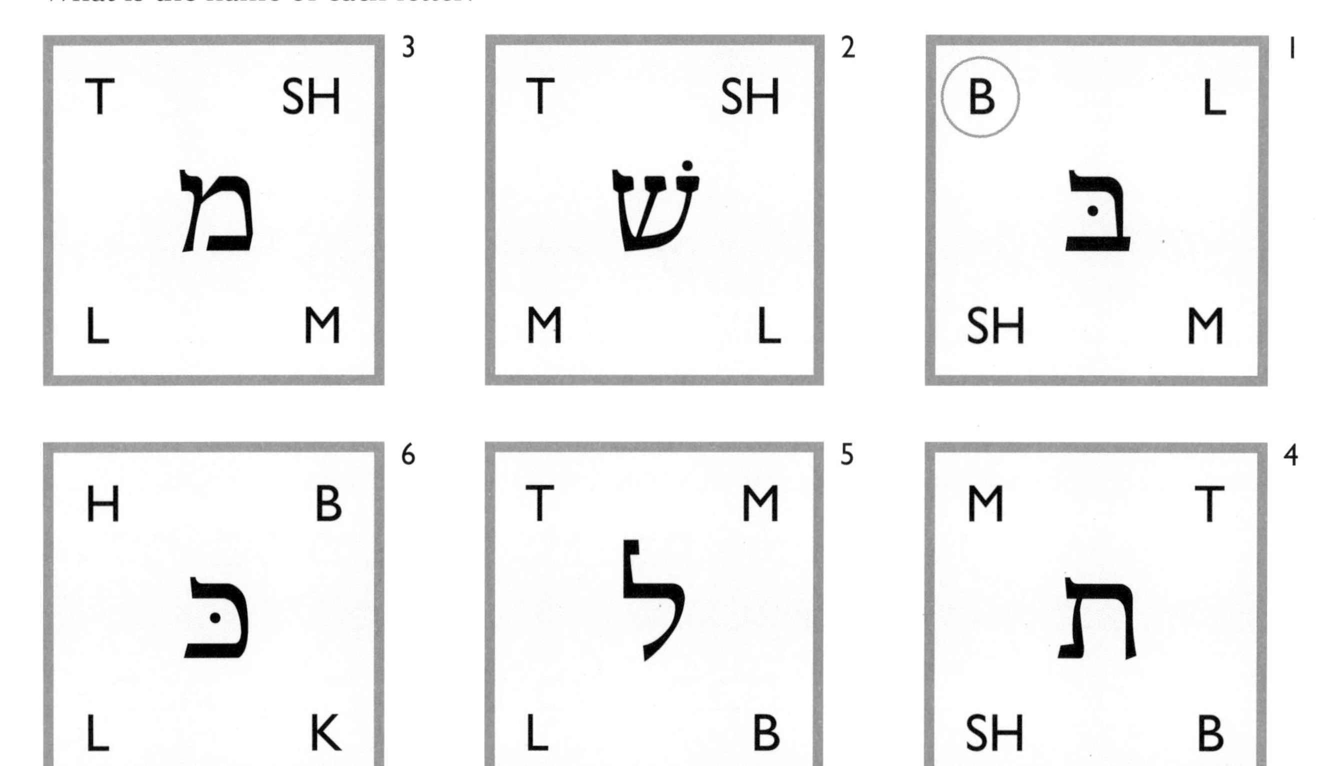

BE ALERT!

The letter ה (*hay*) is pronounced "h," but when ה comes at the end of a word and has no vowel under it, it is silent.

NOW READ & READ AGAIN

1. בַּ הָ תָּ הַ כַּ הָ
2. הַל הָבּ הַתּ הָשׁ הָת הַהָ
3. בָּה תָּה שַׁה לָה מַה הַה
4. תָּלָה בָּמָה לָשָׁה כַּמָה שַׁבָּת
5. לָמָה מַכָּה שָׁמָה כַּלָה לָשָׁה
6. הַבַּת הַשַׁמָשׁ הַשַׁבָּת הַמָשָׁל הַכַּלָה
7. כַּלָה הַכַּלָה מַכָּה כַּמָה לָמָה לָשָׁה
8. שַׁבָּת הַכַּלָה שַׁבָּת הַכַּלָה שַׁבָּת הַכַּלָה

HERITAGE WORDS

Can you find these Hebrew words above? Read and circle them.

the Sabbath bride שַׁבָּת הַכַּלָה **bride** כַּלָה

CHALLENGE

How many times did you read the words for *the Sabbath bride*?______

WRITING PRACTICE

Write the Letters

ל

כּ

ה

Write the Words

Write the Hebrew word for *bride.*

כַּלָּה

Write the Hebrew words for *the Sabbath bride.*

שַׁבָּת הַכַּלָּה

SEARCH AND CIRCLE

Say the name and sound of the Hebrew letter in each box.

Circle the English that makes the same sound as the Hebrew letter.

Write each letter.

1	שׁ	T	SH	H	V	
2	כּ	B	M	K	SH	
3	ל	S	H	G	L	
4	ה	H	T	SH	M	
5	בּ	SH	K	S	B	
6	ת	L	T	S	H	
7	מ	T	H	M	SH	

THE LIVING TRADITION כַּלָּה

Every Friday evening as we welcome שַׁבָּת, we say that שַׁבָּת is like a bride—כַּלָּה. Just as a כַּלָּה is joyously welcomed at the wedding ceremony, so we welcome שַׁבָּת with great happiness.

Why do you think שַׁבָּת is compared to a כַּלָּה?

WORD MATCH

Draw a line to match each Hebrew term with its English meaning. Read each Hebrew-English match aloud.

bride	שַׁבָּת
Sabbath	שַׁמָּשׁ
helper	שַׁבָּת הַכַּלָּה
the Sabbath bride	כַּלָּה

AN *ALEF BET* CHART

You know these Hebrew letters:

בּ ת תּ שׁ מ ל ה כּ

Turn to the *Alef Bet* Chart on page 160.

Color in the letters you have learned. You will return to the chart again after a few more lessons. The more letters you learn, the more colorful the *Alef Bet* Chart will become.

LESSON 4

בְּרָכָה

BLESSING

LETTERS YOU KNOW

בּ ת תּ שׁ מ ל כּ ה

NEW LETTERS

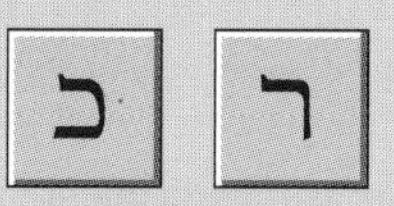

VOWELS YOU KNOW

NEW VOWEL

ְ

1 ר רַ רְ רְ רָ רַ

2 כְּ לְ מְ שְׁ תְּ בְּ

3 שְׁ שָׁ בַּ בְּ רְ רַ

בְּרָכָה

RESH

NOW READ & READ AGAIN

1 רַ ר מַ מְ לְ ל

2 שָׁר כַּר שָׁךְ כָּךְ רַבּ רָבָּ

3 רַבּ רַת רַשׁ רַל רָה רָמָ

4 בַּר תַּר מַר שָׁר כַּר הַר

5 רַבָּה כָּרָה תָּשַׁר רָמָה רָשַׁל

6 הָרָה מָרָה שָׁרָה רַכָּה שָׁמַר

7 רָשַׁל לְבַּר שַׁמָשׁ שָׁמַר שָׁרַת הַכָּרָה

8 שָׁמְרָה מַלְכָּה רָשְׁמָה הַכָּרָה שַׁבָּת הַמַלְכָּה

HERITAGE WORDS

Can you find these Hebrew words above? Read and circle them.

the Sabbath Queen שַׁבָּת הַמַלְכָּה **queen** מַלְכָּה

CHALLENGE

Can you find the word for *helper*? Write it here. ____________________

NAME TAG

Circle the name of each Hebrew letter.

What sound does each letter make?

HAY	TAV	SHIN	תּ	1
SHIN	KAF	BET	בּ	2
RESH	HAY	TAV	ר	3
HAY	SHIN	BET	שׁ	4
KAF	HAY	TAV	ה	5
MEM	SHIN	LAMED	ל	6
LAMED	KAF	BET	כּ	7
MEM	LAMED	TAV	מ	8

1 כַ כָ כְ כ כָ כְ

2 כַּ כָ כְּ כְ כָּ כָ

3 כְ כְּ בָּ כָּ כַ בַּ

BE ALERT!

The letters כּ and כ make different sounds.

What sound does כּ make? What sound does כ make?

In what way do they look different?

NOW READ & READ AGAIN

1 מָכַ בָּכָ כָּכָ רָכַ תָּכָ לְכָ

2 כָה מָכַ כָּכָ כַבָּ כַּת כַשְׁ

3 רַכְ כָּמְ שַׁכְ כַּר תַּכַ בַּר

4 בָּכָה כָּכָה רַכָּה מָכַר שָׁכַר כַּלַת

5 כַּלָה כָּהָה כַּמָה מַכָּה רָכַשׁ לַכַּת

6 בָּכַת כָּכַת כָּרָה לְכָה תָּכָה לָכַשׁ

7 בָּכְתָה הַתָּכָה כָּרַכְתָּ מָכְרָה הָלַכְתָּ

8 הָלַכְתָּ בְּרָכָה בְּרָכָה הָלְכָה מָשְׁכָה

HERITAGE WORD

Can you find this Hebrew word above? Read and circle it.

blessing בְּרָכָה

CHALLENGE

How many times did you read the word for *blessing*? ____________

RHYME TIME

Read aloud the Hebrew words in each column.

Connect the rhyming words. Read the rhyming sets aloud.

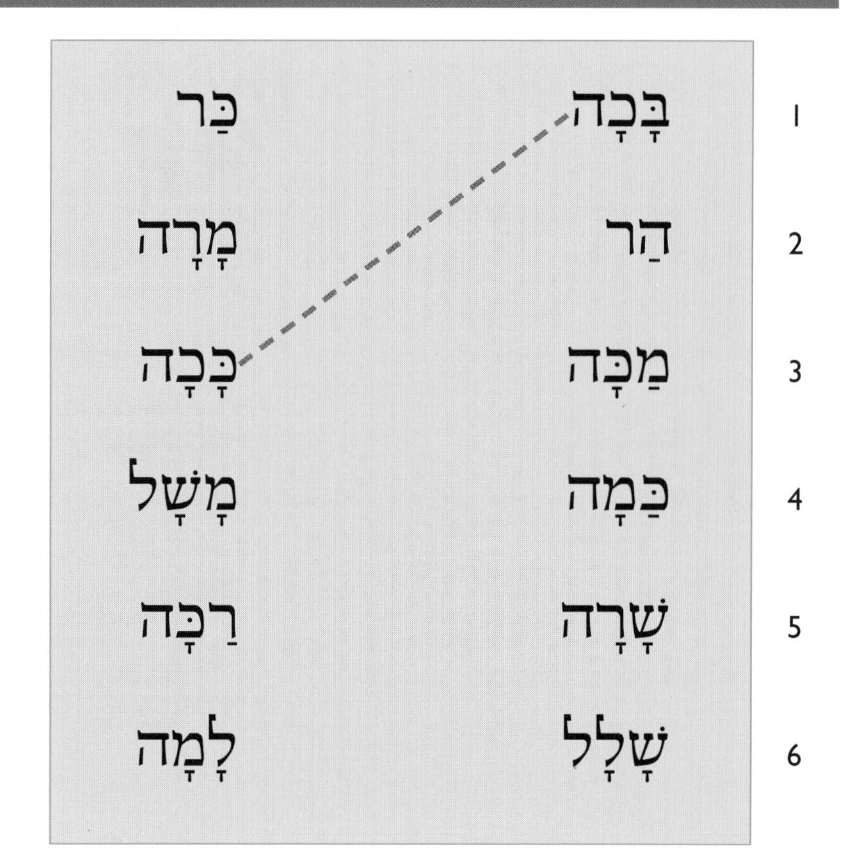

SEARCH AND CIRCLE

Read aloud the sound each letter makes.

One letter on each line makes a different sound.

Say the name of the letter that sounds different and circle it. What sound does it make?

What sound do the other letters on the line make? What is the name of that letter?

בּ	בּ	בּ	תּ	בּ	בּ	בּ	1
כּ	בּ	כּ	כּ	כּ	כּ	כּ	2
ה	ת	ת	ת	ת	ת	ת	3
כ	כ	כ	כ	כ	ת	כ	4
ה	ה	ה	ה	ר	ה	ה	5
כ	כ	כ	כּ	כ	כ	כ	6

WRITING PRACTICE

Write the Letters

ר ר ר ר

כ כ כ כ

Write the Words

Write the Hebrew word for *blessing*.

בְּרָכָה בְּרָכָה בְּרָכָה

Write the Hebrew word for *queen*.

מַלְכָּה מַלְכָּה מַלְכָּה

ODD ONE OUT

One letter on each line does not belong.

Circle the letter that is different.

Write the letters you circled.

1 תּ תּ תּ תּ בּ תּ — בּ

2 ה ה ה ר ה ה

3 שׁ ל שׁ שׁ שׁ שׁ

4 ת ת כ ת ת ת

5 תּ תּ תּ כּ תּ תּ

6 בּ בּ בּ בּ מ בּ

THE LIVING TRADITION בְּרָכָה

A בְּרָכָה is a blessing. When we say a בְּרָכָה we thank God for the gifts God gives us. For example, we thank God for the food we eat, for the Shabbat wine we drink, and even for a rainbow that stretches across the sky.

What do you thank God for?

WORD MATCH

Read the Hebrew words in the box.
Write each Hebrew word next to its English meaning.

שַׁבָּת שַׁמָּשׁ כַּלָּה בְּרָכָה מַלְכָּה

1 helper ______

2 queen ______

3 bride ______

4 Shabbat ______

5 blessing ______

CHALLENGE

Can you use each Hebrew word in an English sentence?

Example: We welcome שַׁבָּת by lighting candles.

LESSON

הַבְדָלָה

HAVDALAH, SEPARATION

LETTERS YOU KNOW

בּ ת תּ שׁ מ ל כּ ה ר כ

NEW LETTERS

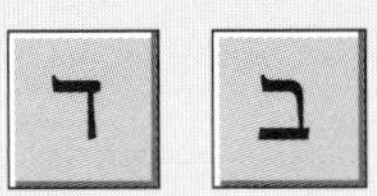

VOWELS YOU KNOW

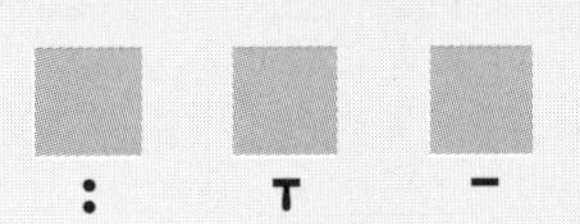

NEW VOWEL

1	בַ בָ בְ בָ בַ בְ
2	הֲ הַ בַ בַּ בְ בְּ
3	כַ בַ כְ בְ כ ב

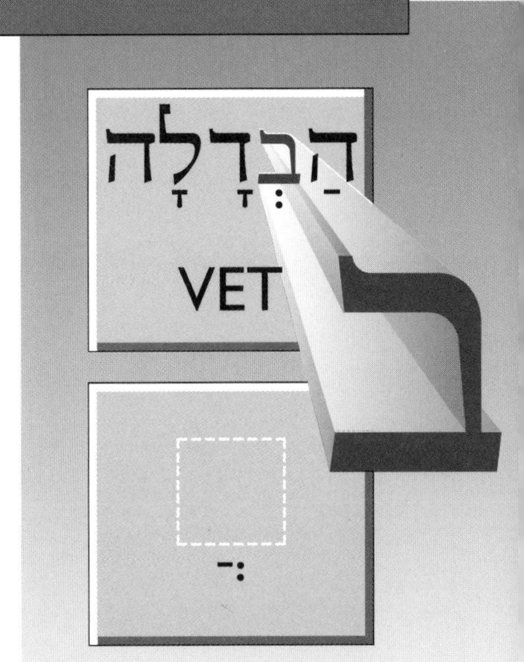

BE ALERT!

The letters בּ and ב make different sounds.
What sound does בּ make? What sound does ב make?
How do they look different?

NOW READ & READ AGAIN

1 בָּב כָּב תָּב רָב הָב שָׁב

2 תָּבָּ שָׁב מַבָּ הַב כָּבַ בַּת

3 לַב רַב כָּב בַּל מַב הָבָ

4 שָׁרַב שָׁבָה כָּתַב לָבַשׁ הָבָה

5 לַבָּה בָּבָה רַבָּה שָׁבַר רָבָה

6 לַבְלָר רְבָבָה שָׁבַרְתָּ כָּתַבְתָּ הֲבָרָה

7 לְהָבָה הֲרָמָה הֲלָכָה הֲמָרָה כְּתָבָה

8 הֲשָׁבָה הֲתַשָׁה הַתָּרָה מְבַלָה הָלְכָה

BE ALERT!

The vowels ַ , ֲ , and ָ make the same sound.

What sound do they make?

WORD WIZARD

Discover a hidden word.

Cross out the Hebrew letters and their vowels that match the English sounds below.

Write the remaining Hebrew letters and their vowels on the lines below to discover the hidden word.

1 SHAH
2 V
3 LAH
4 HAH
5 K
6 T

שַׁ בְּ בְ לָ רָ הָ כָ כְּ ה ת

_______ _______ _______ _______

_______ _______ _______ _______

What does the word mean? ______________________________

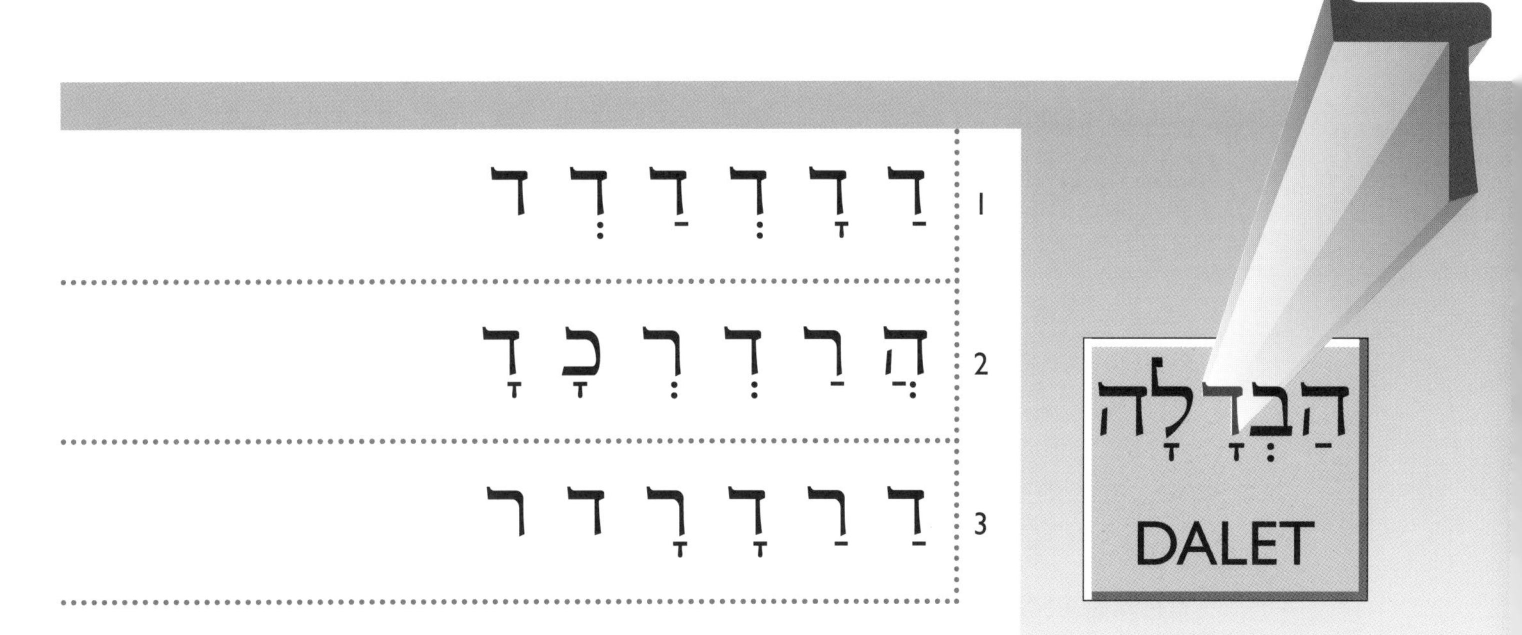

NOW READ & READ AGAIN

1 דָד דָר בַּד בַּר דָשׁ רָשׁ

2 דָשׁ דַת דַל דָה דָר דָב

3 מַד כַּד בַּךָ שַׁךָ הַד רַד

4 דָלָה דָבָר דְבַשׁ לָמַד הָדָר דָרָה

5 לְבַד דָהָה דָרַשׁ שָׁדַד דָשָׁה מָדַד

6 הֲמָרָה דְמָמָה הֲלָכָה הֲדָרָה הֲבָרָה

7 כָּתְבָה לָבַשְׁתְּ לָמְדָה דָרַכְתְּ מָדְדָה

8 הַבְדָלָה דְרָשָׁה הֲלָכָה בְּרָכָה הַבְדָלָה

HERITAGE WORD

Can you find this Hebrew word above? Read and circle it.

havdalah, **separation** הַבְדָלָה

CHALLENGE

How many times did you read the word for *separation*? __________

SOUNDS LIKE

Read the Hebrew sound in each box.

Read the Hebrew sounds on each line.

Circle the Hebrew sound on each line that is the same as the Hebrew in the box.

	Box			
1	הָבָ	תַבַ	הַבַ (circled)	הָרָ
2	בַּד	בָּדְ	בַּרְ	כַּד
3	רָשָׁה	דָשָׁה	רָתָה	רָשַׁ
4	כָּכְ	כַּכְ	בָּבְ	כַּבְ
5	דָבָר	דָבַה	רָבָד	דַבַר

SEARCH AND CIRCLE

Read aloud the Hebrew sounds on each line.

Circle the Hebrew that sounds the same as the English in the box.

	Box						
1	RAH	דַ	בְ	רְ	רָ (circled)	תַ	הַ
2	KAH	כְּ	כְ	בּ	כַּ	ה	הֲ
3	V	כַ	בַ	ר	תְ	בּ	בְ
4	D	ה	רַ	דְ	רְ	כְ	דַ
5	HAH	תַ	מַ	ה	דַ	הֲ	רַ
6	K	כְּ	שׁ	בְּ	כַּ	רְ	כְ

WRITING PRACTICE

Write the Letters

ב

ד

Write the Words

Write the Hebrew word for *havdalah,* separation.

הַבְדָלָה

Write the Hebrew word for *Shabbat.*

שַׁבָּת

NAME TAG

Read aloud the name of the Hebrew letter in each box.

Circle the Hebrew letter named in the box.

Write each letter.

1	LAMED	מ	ל	ד	ה
2	HAY	ר	ב	ה	ת
3	VET	ב	ד	ת	כ
4	MEM	שׁ	כּ	ל	מ
5	DALET	ה	ד	כ	ר
6	KAF	כּ	תּ	בּ	כ
7	RESH	ד	ב	ר	ת
8	CHAF	ה	ד	ת	כ

THE LIVING TRADITION הַבְדָּלָה

On Saturday night, after the first three stars can be seen in the sky, שַׁבָּת comes to an end. We have a special ceremony, called הַבְדָּלָה, to separate שַׁבָּת from the new week. הַבְדָּלָה means "separation." In the הַבְדָּלָה ceremony we use a cup of wine, a braided candle, and a box filled with sweet spices. We hope that the coming week will be a good one.

THINK ABOUT IT

What makes a week good?

PICTURE PERFECT

Write the word שַׁבָּת below the two objects we can use to welcome שַׁבָּת.

Write the word הַבְדָּלָה below the two objects we can use to say good-bye to שַׁבָּת.

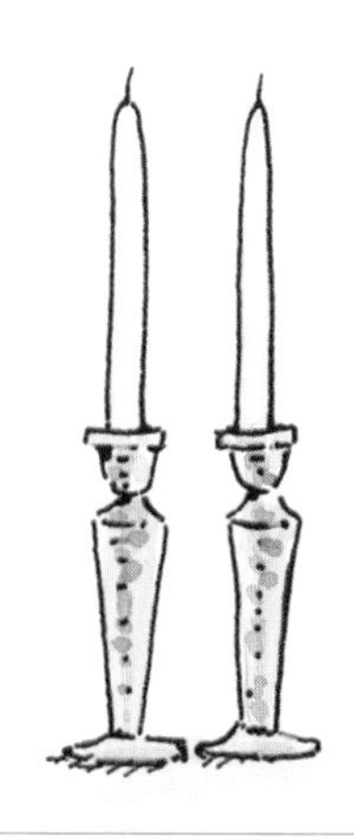

LESSON 6

וְאָהַבְתָּ

AND YOU SHALL LOVE

LETTERS YOU KNOW

בּ ת תּ שׁ מ ל כּ ה ר כ ב

ד

NEW LETTERS

א ו

VOWELS YOU KNOW

◌ַ ◌ָ ◌ְ ◌ֲ

1. אַ אֲ אָ אֲ אָ אַ
2. אָ שָׁ לְ הֲ רָ בְ
3. אֲ הֲ אָ דָ כְ רְ

וְאָהַבְתָּ

ALEF

1 אָב אַתְּ אַל אַשׁ אָד אָב

2 רָא שְׁאָ אַבָּ אָמְ אֲדָ אָבְ

3 בָּא כָּאָ רָאָ תָּאָ הָאַ אָהַ

4 אַתָּה אֲדָר כָּאַב אָהַב אָמַר אֲבָל

5 בָּרָא רָאָה שָׁאַל שְׁאָר אַבָּא שָׁאַב

6 שָׁאַבְתָּ רָאֲתָה אָכְלָה שָׁאֲלָה אָמְרָה

7 אָמַרְתָּ אָכַלְתָּ מַאֲכָל בָּרָאתָּ אָכַלְתְּ

8 אָהַבְתָּ אֲדָמָה אַהֲבָה אָבְדָה אַהֲבָה

HERITAGE WORD

Can you find this Hebrew word above? Read and circle it.

love אַהֲבָה

CHALLENGE

How many times did you read the word for *love*? 2

NAME TAG

Read aloud the name of the Hebrew letter in each box.

Circle the Hebrew letter named in the box. What sound does the letter make?

ה	ד	ל	מ	LAMED	1
ת	ה	ב	ר	HAY	2
כ	ת	ד	ב	VET	3
מ	ל	כּ	שׁ	MEM	4
א	ת	ד	ה	ALEF	5
ר	כ	ד	ה	DALET	6
כ	בּ	תּ	כּ	KAF	7
ת	ר	ב	ד	RESH	8

BE ALERT!

The letters ב and ו make the same sound.
What sound do they make?

NOW READ & READ AGAIN

1 דַו שָׁו תָּו שְׁו וָל וְהָ

2 וָו וָה וַת וַר וַד וָא

3 לָו מַו כְּו הָו תָּו בַּו

4 דָוַר שָׁוה תָּוה אַוה לָו אָבָה

5 אֲתַר דָוה הָוה שְׁוָא וָלד דְבַשׁ

6 אֲשָׁרָה אַדְוָה רַאֲוָה וְאַתָּה וְאָהַב

7 אָבְדָה שַׁלְוָה וְאָכַל מְלַוָּה הַדָבָר

8 וְהָלַכְתָּ וְאָהַבְתָּ וְאָמַרְתָּ וְלָמַדְתָּ וְאָהַבְתָּ

HERITAGE WORD

Can you find this Hebrew word above? Read and circle it .

and you shall love וְאָהַבְתָּ

CHALLENGE

How many times did you read the word for *and you shall love*? ________

WRITING PRACTICE

Write the Letters

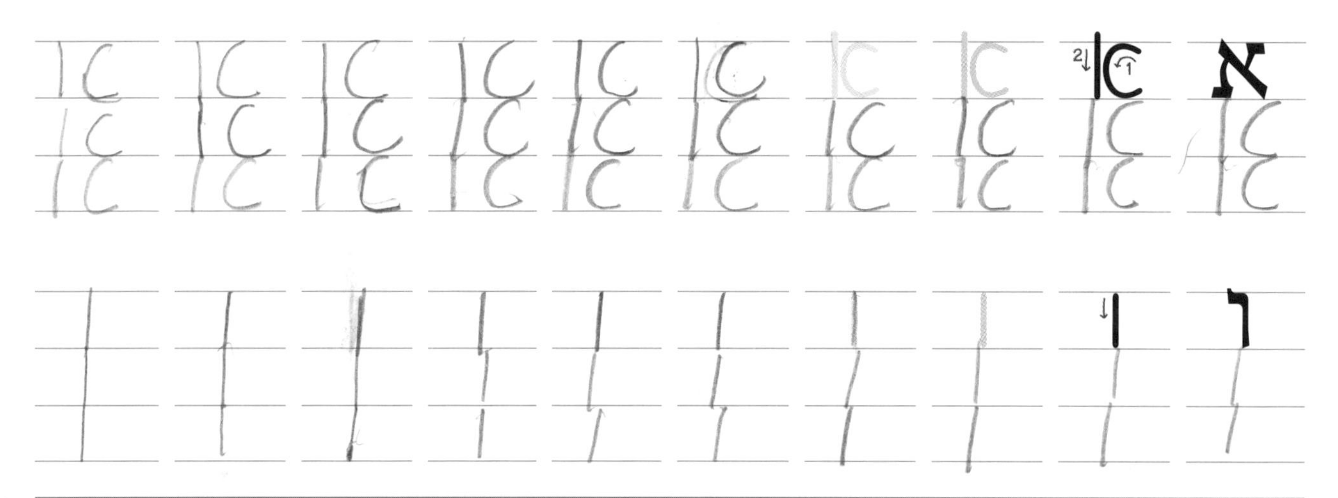

Write the Words

Write the Hebrew word for *love.*

אַהֲבָה

Write the Hebrew word for *and you shall love.*

וְאָהַבְתָּ

WORD FIND

Read aloud the Hebrew word in each box. Find the Hebrew word in the chain of letters and circle it. Write each word.

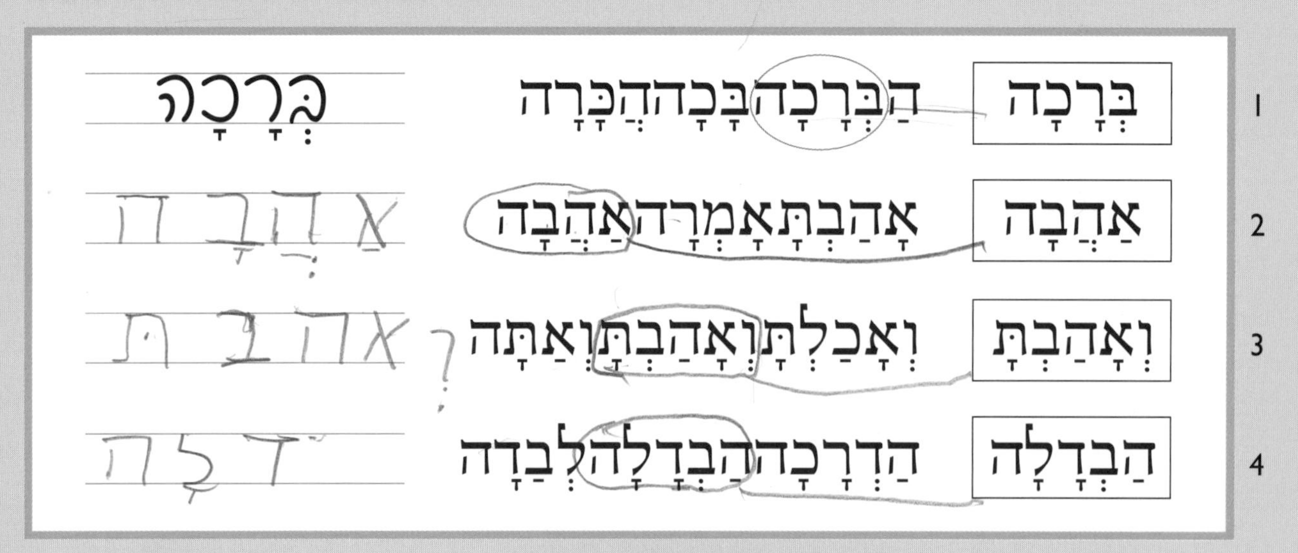

CHALLENGE

Can you find the Hebrew word meaning *separation* in the boxes above?

THE LIVING TRADITION וְאָהַבְתָּ

וְאָהַבְתָּ means "and you shall love." The Torah teaches "to love God with all your heart, and with all your soul, and with all your might." We call this teaching the וְאָהַבְתָּ and recite it during services in the synagogue. We also write the וְאָהַבְתָּ on a piece of parchment that is put inside the *mezuzah* and hung on the doorposts of our homes.

THINK ABOUT IT

How can you show your love for God with all your heart, and with all your soul, and with all your might?

MIX AND MATCH

Draw a line to match each Hebrew term with its English meaning.

Read each Hebrew-English match aloud.

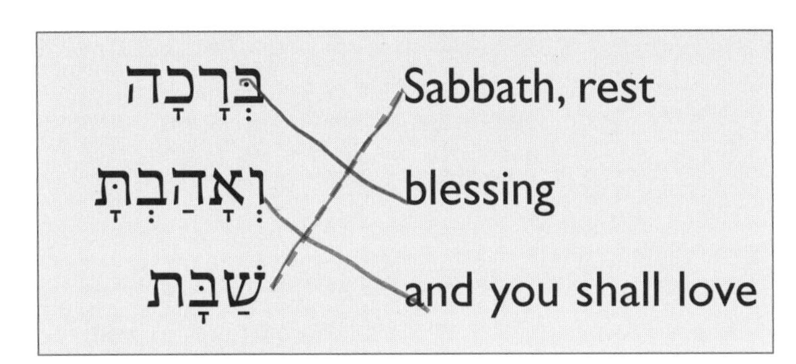

1
2
3

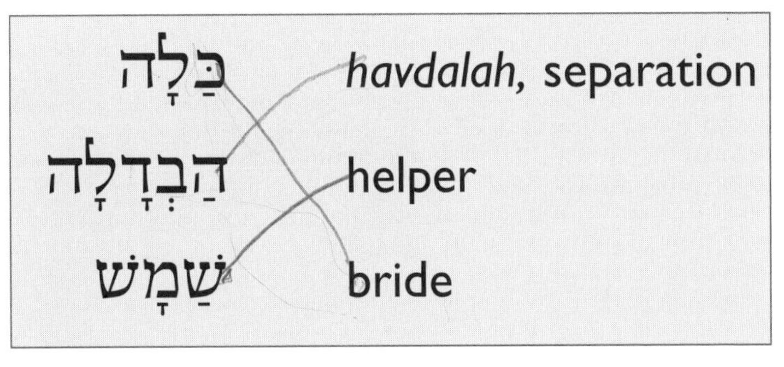

4
5
6

LESSON 7

צְדָקָה

JUSTICE

LETTERS YOU KNOW

בּ ת תּ שׁ מ ל כּ ה ר כ ב
ד א ו

VOWELS YOU KNOW

ַ ָ ְ ֲ

NEW LETTERS

ק צ

1	קַ קְ ק קָ קְ קַ
2	קַ רַ כְּ קְ כְ וְ
3	קַ קְ כַּ כְּ הֲ אֲ

צְדָקָה
KOOF
ק

BE ALERT!

The letters כּ and ק make the same sound.
What sound do they make?

NOW READ & READ AGAIN

1 קָרְ קָשׁ קָבַ קָד וְקָ קַבָּ

2 קָא קַל קַר קַשׁ קַו קָה

3 בַּק שַׁק רַק אָק דַק לָק

4 קָהָל קָרָא קָרָה קָשָׁה קָדַר קָשַׁר

5 מָרָק קְרָב קַלָה קָבַר שָׁקַד קָרַב

6 הֲרָקָה כְּבָרָה דַוְקָה קָשַׁרְתְּ קַבָּלָה

7 מַמְתָּק שָׁקַלְתָּ בַּקָשָׁה בְּבַקָשָׁה הַבְרָקָה

8 קַבָּלַת שַׁבָּת קַבָּלַת שַׁבָּת בְּבַקָשָׁה

HERITAGE WORDS

Can you find these Hebrew words above? Read and circle them .

welcoming Shabbat קַבָּלַת שַׁבָּת

CHALLENGE

How many times did you read the words for *welcoming Shabbat*? ____________

SOUND OFF

Say the name of the Hebrew letter in each box.

Circle the English letter that makes the same sound as the Hebrew letter.

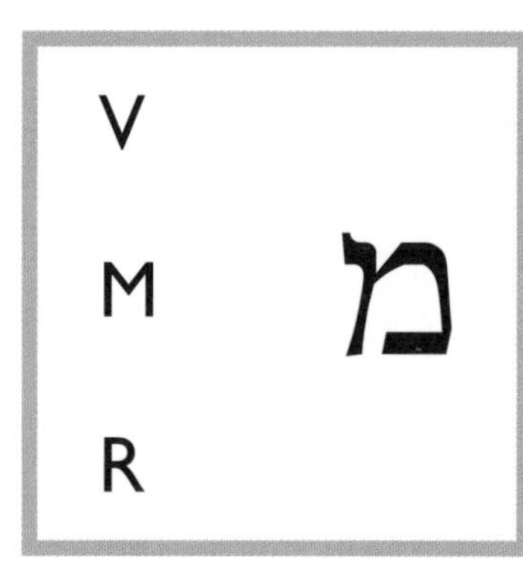

K
CH
L
ק

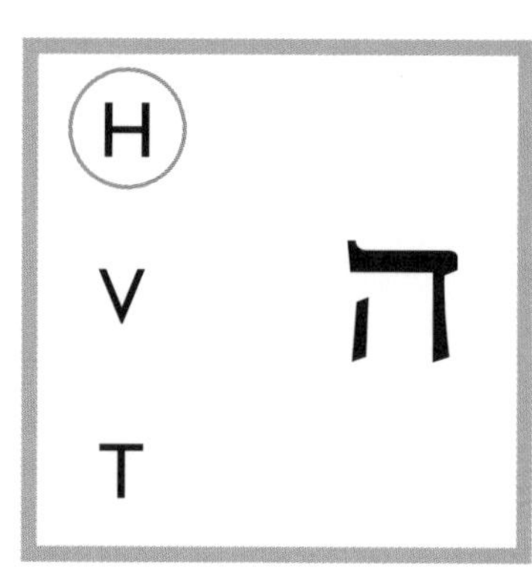

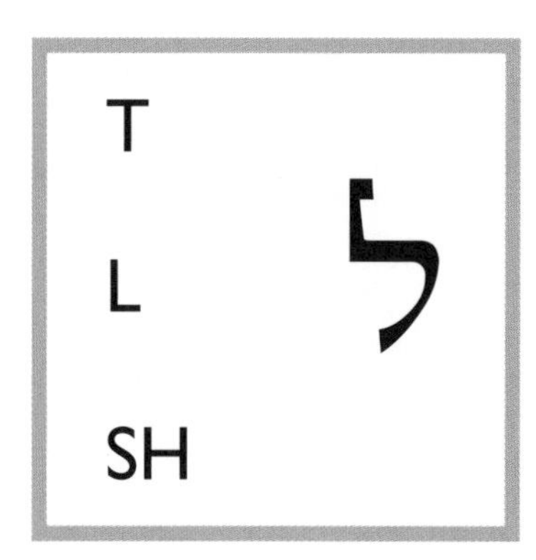

V
H
M
ו

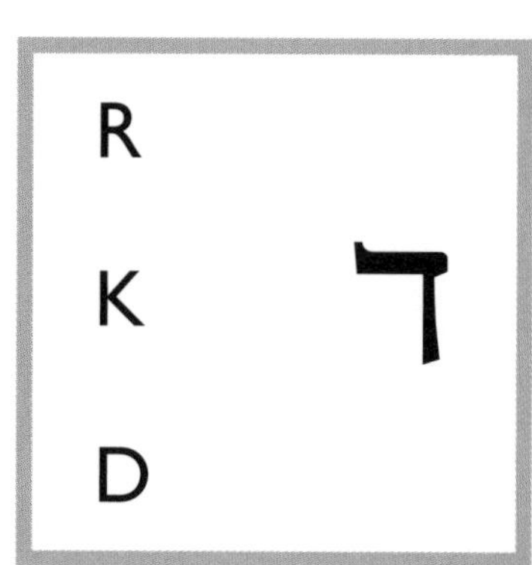

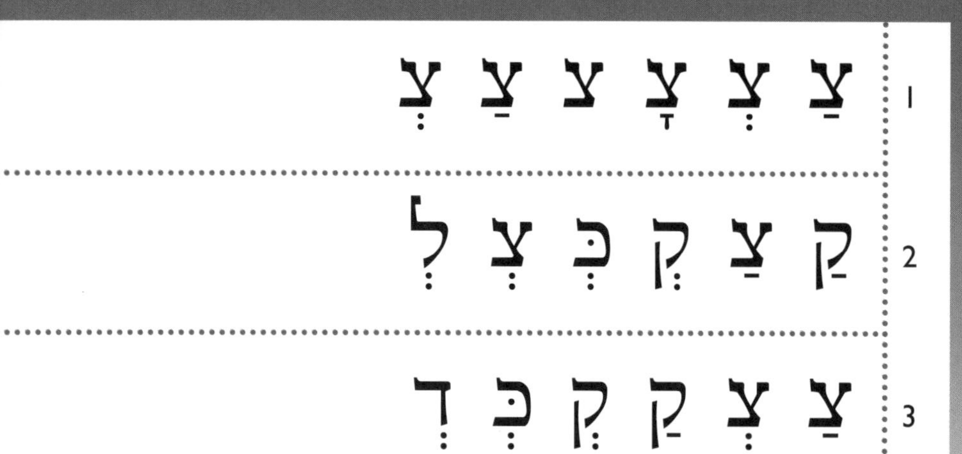

NOW READ & READ AGAIN

1 צַו צָב צַר צַד צָה צָל

2 כְּצַ בָּצַ אָצָ מַצָ קָצַ רָצָ

3 אָכָה צָדַק כְּצַד בָּצַר אָצָה צָרָה

4 צָבָא צָבַּר קָצַר צְבָת בָּצָל מָצָא

5 מַצָה קְצַת קַצָב מַצָב הַצָב אָצַר

6 מָצָא צָלָה צָמַד מַצָה אָצְתָ צָמָא

7 וְרָצָה וְאָצַר צָרַמְתְ צַוָאר צָוְאָה

8 צְדָקָה בָּצַרְתָ מָצָאתָ צָדַקְתָ צְדָקָה

HERITAGE WORDS

Can you find these Hebrew words above? Read and circle them.

justice צְדָקָה matzah מַצָה

CHALLENGE

Each year at Passover we eat a special food in place of bread.

Do you recognize the name of the food?

WORD FIND

The words below are hidden in the puzzle. Look across from right to left to find them.

Circle each word in the puzzle. Read each circled word.

מַצָה	הַבְדָלָה	וְאָהַבְתָ	שַׁבָּת
צְדָקָה	אַהֲבָה	הַבְּרָכָה	שַׁמָשׁ

ה	לָ	דָ	בְ	הַ	ת	בָּ	שַׁ
ה	צָ	מַ	תָּ	בְ	הַ	אָ	וְ
ה	בָ	הֲ	אַ	ה	קָ	דָ	צְ
ה	כָ	רָ	בְּ	הַ	שׁ	מָ	שַׁ

POWER READING

Can you read the 12 words aloud without making a mistake?

Read them twice and record your time. First time ________ Second time ________

1 צָרַמְתְ רָצְתָה צְדָקָה מָצָאתָ

2 בָּכְתָה לָבַשְׁתְ שָׁאֲלָה אָצַרְתָ

3 הַבְדָלָה בְּבַקָשָׁה מְלָאכָה הַקְדָשָׁה

WRITING PRACTICE

Write the Letters

ק ק ק ק

צ צ צ צ

Write the Words

Write the Hebrew words for *welcoming Shabbat*.

קַבָּלַת שַׁבָּת קַבָּלַת שַׁבָּת

Write the Hebrew word for *matzah*.

מַצָּה מַצָּה

Write the Hebrew word for *justice*.

צְדָקָה צְדָקָה

WHAT'S MISSING?

Find the missing letter in each word.

Write the complete word.

דָ	קָ	רָ	אָ

צָ	מָ	שַׁ	כַּ

1 בָּת שַׁבָּת

2 לָה

3 מַ ה

4 שַׁ שׁ

5 וְ הַבְתָּ

6 בְּ כָה

7 צְדָ ה

8 הַבְ לָה

THE LIVING TRADITION צְדָקָה

צְדָקָה means "justice." When we help other people improve their lives, we make the world a more just and fair place. The Torah teaches us that it is our responsibility to perform acts of צְדָקָה, acts of justice to help others. One way to perform an act of צְדָקָה is to donate money to an organization that helps needy people.

THINK ABOUT IT

Can you think of other acts of צְדָקָה we can perform?

WORD MATCH

Connect each Hebrew word to its English meaning.

Read each Hebrew word and its English meaning aloud.

blessing	שַׁמָּשׁ
helper	בְּרָכָה
justice	הַבְדָּלָה
bride	שַׁבָּת
separation	צְדָקָה
Shabbat	כַּלָּה

Read the Hebrew word in each box.

דָבָר 3	בְּרָכָה 2	אַהֲבָה 1
וְאָהַבְתָּ 6	הַבְדָלָה 5	דְרָשָׁה 4
לָמַדְתָּ 9	הֲלָכָה 8	כַּלָה 7
קַבָּלַת 12	צְדָקָה 11	מַצָה 10
תָּו 15	שַׁבָּת 14	רַבָּה 13

AN *ALEF BET* CHART

You have learned eight new letters in Lessons 4-7:

ר כ ב ד א ו ק צ.

Turn to the *Alef Bet* Chart on page 160.

Color in the new letters.

How many letters do you now know? Can you name each letter?

LESSON 8

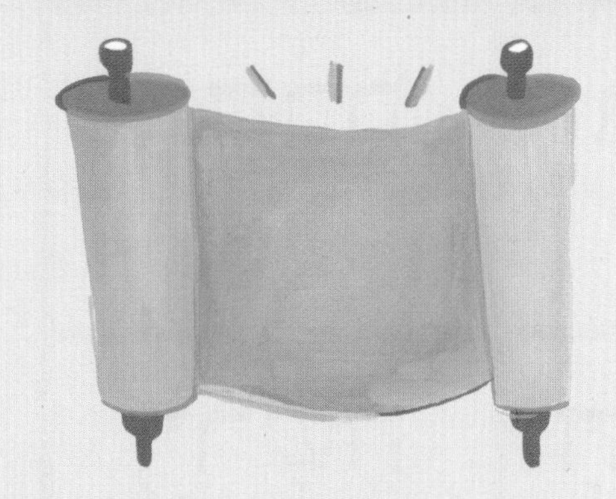

מִצְוָה

COMMANDMENT

LETTERS YOU KNOW

בּ ת תּ שׁ מ ל כּ ה ר כ ב
ד א ו ק צ

VOWELS YOU KNOW

NEW VOWELS

1 בִּ תִ מִ הִ וִ אִ

2 דִי כִ רִ כִּי לִי צִ

3 וִי מִי לִי כִּי בִּי אִי

מִצְוָה

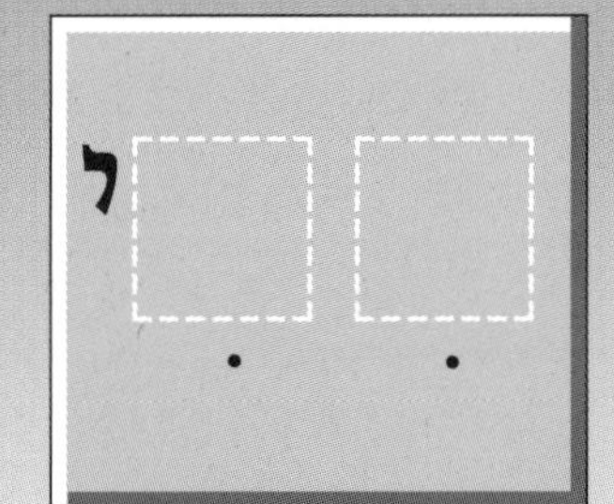

1 מְק צַדִי לְבִי אֲוִי דָוִ בְּרִי

2 שִׁשָׁה הִכָּה בִּיב שְׁמִי צִיר הֱכִי

3 הִיא אִישׁ אִשָּׁה אִמָא בְּכִי בְּלִי

4 רַבִּי אֲוִיר דָוִד בִּימָה דָתִי תִּיק

5 שִׁירָה תִּירָא רִמָה קְרִיאַת לְבִיבָה קָצִיר

6 צַדִיק בְּרִיאַת קַדִישׁ אָבִיב קְהִילָה מִקְרָא

7 צִיצִית בְּרִית מִילָה תִּקְוָה הַתִּקְוָה

8 מִצְוָה הַמִצְוָה בַּר מִצְוָה בַּת מִצְוָה

HERITAGE WORDS

Can you find these Hebrew words above? Read and circle them.

knotted fringes on the corners of the *tallit*	צִיצִית	commandment	מִצְוָה
Kaddish	קַדִישׁ	bar mitzvah	בַּר מִצְוָה
the Hope, the national anthem of Israel	הַתִּקְוָה	bat mitzvah	בַּת מִצְוָה

A בַּר מִצְוָה or בַּת מִצְוָה may wear a *tallit*. The *tallit* has knotted fringes on the four corners. Write the Hebrew word for *knotted fringes*. ______________

WRITING PRACTICE

Write the Words

Write the Hebrew word for *commandment.*

מִצְוָה

Write the Hebrew words for *bar mitzvah.*

בַּר מִצְוָה

Write the Hebrew words for *bat mitzvah.*

בַּת מִצְוָה

Write the Hebrew word for *fringes on the corners of the tallit.*

צִיצִית

Write the Hebrew word for *Kaddish.*

קַדִּישׁ

Write the Hebrew word for *the Hope, the national anthem of Israel.*

הַתִּקְוָה

RHYME TIME

Read the Hebrew words in each column.

Connect the rhyming words. Read the rhyming sets aloud.

1	בַּר	מִצְוָה
2	מִקְוָה	אָדִישׁ
3	דִּבְּרָה	קְרִיאַת
4	קַדִּישׁ	אַבִּיר
5	קָצִיר	כַּר
6	בְּרִיאַת	מִקְרָא

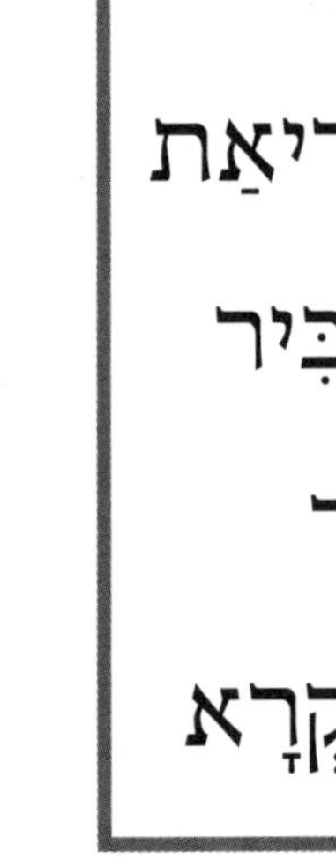

THE LIVING TRADITION מִצְוָה

A מִצְוָה is a commandment from God. God's commandments are written in the Torah. They tell us what we should do to follow God's laws. We do a מִצְוָה when we light Shabbat candles, hear the shofar on Rosh Hashanah, honor our parents, feed our pets, or visit a sick friend. Can you think of another מִצְוָה you can do?

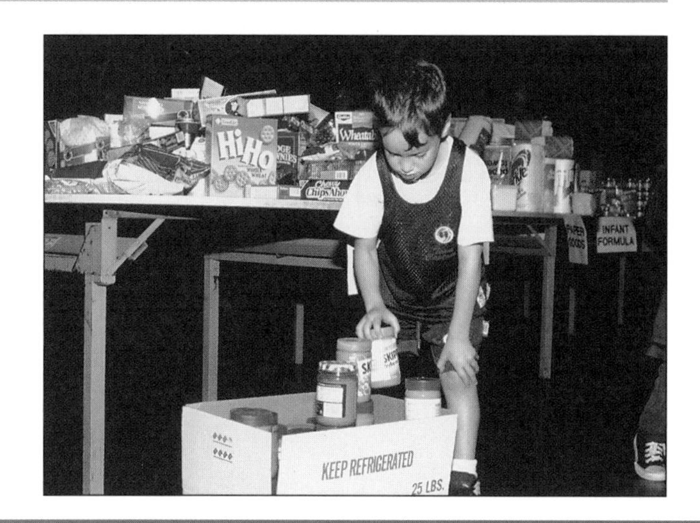

DISCOVER A HIDDEN WORD

Read each line aloud.
Find and circle the Hebrew letter that is found in every word on the line.
Say the name of the letter and write it in the blank space.

1	מַלְבִּישׁ	רַבִּי	מִדְבָּר	דִּבְּרָה	בּ
2	אִירָא	בְּקִרְבִּי	בְּרִית	מִדְרָשׁ	____
3	תָּמִיד	מָרָה	בִּימָה	אֲמַרְתִּי	____
4	מַצִּיל	צְדָקָה	צִיצִית	מִצְוָה	____
5	הַתִּקְוָה	אָבִיו	צִוָּה	בְּשַׁלְוִי	____
6	לְהָבִיא	אִשָּׁה	אֲהַבְתִּי	קְהִילָה	____

Write the six letters from these lines in the blank spaces:

____	____	____	____	____	בּ
6	5	4	3	2	1

Do you know what this means?

LESSON 9

שְׁמַע

HEAR

LETTERS YOU KNOW

בּ ת תּ שׁ מ ל כּ ה ר כ ב
ד א ו ק צ

VOWELS YOU KNOW

ַ ָ ְ ֲ ִ ִי

NEW LETTER

ע

1	עַ עָ עֲ עִ עִי עָ
2	עַ אַ הַ עֲ אֲ הֲ
3	עִי צִי קִי אֲ הֲ עֲ

שְׁמַע

AYIN

NOW READ & READ AGAIN

1 עָשִׂי עָתִי עַב צָעִי מַע דַע

2 עַל עָבָ עַד רַע עִיר עַר

3 וַעַד דַעַת עַתָּה רַעַשׁ בַּעַל עָבַר

4 שְׁמַע רָעָב צָעִיר תָּקַע עִמָה שָׁעָה

5 רָקִיעַ עָתִיד עָשִׂיר אַרְבַּע עָתִיק עִבְרִי

6 עִבְרִית מַעֲרִיב תְּקִיעָה עֲמִידָה קְעָרָה

7 שַׁעֲוָה עָבַדְתִּי שִׁבְעָה עֲתִיקָה עֲמִידָה

8 שְׁמַע תִּשְׁמַע שְׁמִיעָה קְרִיאַת שְׁמַע

HERITAGE WORDS

Can you find these Hebrew words above? Read and circle them.

hear שְׁמַע Hebrew עִבְרִית

CHALLENGE

How many times did you read the word for *hear*? ___________

POWER READING

Can you read all the words aloud without making a mistake?

Read them twice and record your time.

First time ______________ Second time ______________

בַּעַל	שָׁעָה	לָמַד	צַעַד	1
שָׁעַל	שַׁעַר	עָמַד	בָּקַע	2
הִשְׁמִיעַ	עֲרִירִי	בִּשְׁעַת	בְּרַעַשׁ	3
עָמְדָה	עָבַדְתָּ	וְעָצַר	עֲמִידָה	4
אַרְבָּעָה	לְהַקְדִּישׁ	וְאָהַבְתָּ	וְדִבַּרְתָּ	5
וְאָכַלְתָּ	וְאָמַרְתָּ	וְהָאֲדָמָה	וַעֲבַדְתָּ	6

SOUNDS LIKE

Read the Hebrew word in each box.

Read the Hebrew sounds on each line.

Circle the Hebrew sound on each line that sounds the same as the Hebrew in the box.

(צָב)	רַב	עָב	צַו	1
צָבָא	קָרַע	רָקַע	קָרָא	2
אִתָּה	צָמָא	עִמָּה	אִמָּא	3
אָשִׁיר	עָתִיד	אֲוִיר	עָשִׁיר	4
צַמָּה	מָצָא	צַעַד	מַצָּה	5
הָדָד	דַּוָר	הֲדַר	דָּבָר	6

WRITING PRACTICE

Write the Letter

Write the Words

Write the Hebrew word for *Hebrew.*

עִבְרִית

Write the Hebrew word for *hear*.

שְׁמַע

WORD FIND

Read the Hebrew word in each box.

Find the Hebrew word in the chain of letters and circle it.

1	וְאָהַבְתָּ	וְאַהֲבָהמוְאָהַבְתָּתְּקִיעָה
2	שְׁמַע	עָמַרשְׁמַעשָׁמַרעָשִׁירַע
3	מַצָה	מַעֲרִיבהַמַעָומַצָההצָאָה
4	הַתִּקְוָה	הַתְּקִיהַתִּקְוָהתְּקִיעָה
5	עֲמִידָה	לַעֲמִידָהעָמַדִידַעֲמִיה
6	צִיצִית	צַדִיקוְהַצִיצִיתיצַרְת

THE LIVING TRADITION שְׁמַע

The Hebrew word שְׁמַע means "hear." שְׁמַע is the first word in one of our most important prayers. This prayer is called the שְׁמַע. Its words are found in the Torah. When we recite the שְׁמַע we declare our belief in One God by saying: "Hear O Israel, Adonai is our God, Adonai is One."

PICTURE PERFECT

Read each word.

Write the correct word below the matching picture.

צְדָקָה

שְׁמַע

עִבְרִית

כַּלָּה

צִיצִית

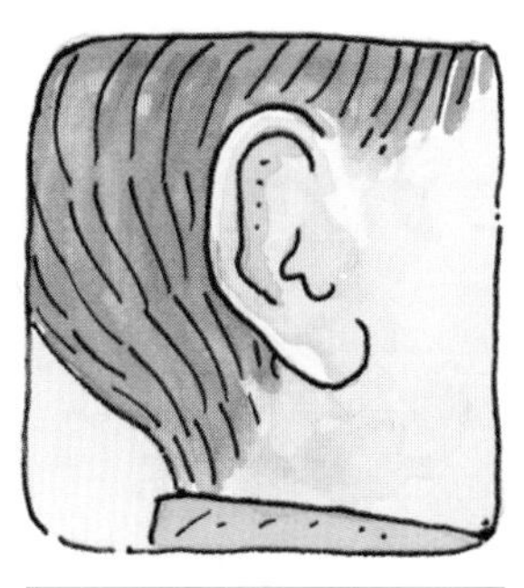

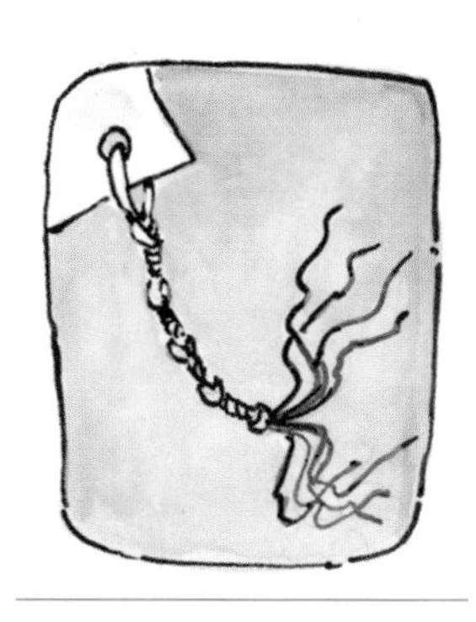

LESSON 10

נָבִיא

PROPHET

LETTERS YOU KNOW

בּ ת תּ שׁ מ ל כּ ה ר כ ב

ד א ו ק צ ע

NEW LETTERS

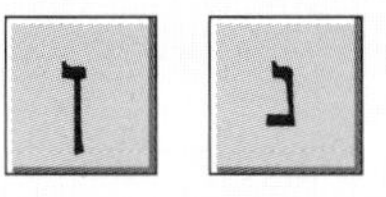

VOWELS YOU KNOW

ַ ָ ְ ֲ ִ ִי

1 נַ נָ נִי נְ נִ נְ

2 נִ נִי עִי וִי רִ בִּ

3 לָן דָן מִין רָן מִן כַּן

נָבִיא

NUN

BE ALERT!

There are five letters of the Hebrew alphabet that have a different form when they come at the end of a word. When a נ comes at the end of a word, it is a final ן. What is the name of the letter? What sound does it make? How are the two letters different?

NOW READ & READ AGAIN

1 נָן נָו נְעִי קַן בִּין

2 נִין לָן דָן מָן שִׁין רָן

3 דִין בְּנִי עָנִי נָקִי אֲנִי נָא

4 שָׁנָה לָבָן עָנָו רִנָה עָנַד נַעַר

5 נָבִיא בִּינָה נְשָׁמָה מִשְׁנָה נְעָרָה

6 מַאֲמִין שְׁכִינָה כַּוָנָה נְעִילָה מַרְבִּין

7 רַעֲנָן מִשְׁכָּן לְהָבִין קַנְקַן לַמְדָן

8 נָבִיא מְדִינָה מַה נִשְׁתַּנָה נָבִיא

HERITAGE WORD

Can you find this Hebrew word above? Read and circle it .

prophet נָבִיא

CHALLENGE

At the Passover seder, the youngest child asks the Four Questions. Can you find the two Hebrew words in the lines above that introduce the Four Questions? Read and circle them.

SEARCH AND CIRCLE

Read aloud the Hebrew sounds on each line.

Circle the Hebrew that sounds the same as the English in the box.

Write the sounds you circled.

1	AH 	הֲ	אֲ	צַ	תַ	עָ	אֲ	עָ
2	DEE	רִי	הִי	דִיא	דִי	רְ		
3	VAH	נָא	בַ	כַ	לָא	וָא		
4	KEE	כִּי	שִׁי	בִּ	קִי	תִּי		
5	HEE	אִי	הִיא	תִי	וִי	הִי		

SOUNDS LIKE

Read each line aloud.

Circle the Hebrew sounds on each line that are the same.

1	מַה	מָן	מָנָה	מָא 
2	נָא	וָנָא	נָע	נָוֶה
3	לָבָן	לְבָנָה	לָוַן	לְנָוֶה 
4	עָנָו	אָנָא	עָנָן	אֲנָב
5	אָנִית	אֲנִי	עָנִי	עַנָת
6	כִּינַע	קָנָה	כַּוָנָה	קַבָּנָא

WRITING PRACTICE

Write the Letters

נ

ן

Write the Words

Write the Hebrew word for *prophet.*

נָבִיא

Write the Hebrew word for *Haman.*

הָמָן

Do you know who Haman was?

NUN ADD-IN

Complete each word by adding the correct form of the letter *nun*.

How many words can you read correctly?

1 נָבִיא
2 נָתַ__
3 אֲ__ִי
4 הָמָ__
5 __ְשָׁמָה
6 שָׁ__ָה
7 מַתָּ__ָה
8 כַּוָּ__ָה
9 לְבָ__
10 מִשְׁכָּ__
11 מַאֲמִי__
12 מַה __ִשְׁתַּ__ָה

THE LIVING TRADITION נָבִיא

The Hebrew word נָבִיא means "prophet." In the days of the Bible a נָבִיא was a spokesperson for God. The נָבִיא gave hope to our people when they felt sad and lost. These are the names of some of our prophets: Joshua, Isaiah, Jeremiah, Ezekiel, Hosea, and Deborah. Our first and greatest נָבִיא was Moses.

WORD POWER

Read aloud the Hebrew words on each line. Circle the word that has the same meaning as the English word(s) in the box.

1	Hebrew	שָׁנָה (עִבְרִית) כַּוָּנָה קְרִיאַת
2	prophet	שְׁכִינָה מַעֲרִיב אַרְבַּע נָבִיא
3	and you shall love	נְשָׁמָה תְּקִיעָה וְאָהַבְתָּ בְּרִית
4	commandment	קַדִּישׁ אִמָּא אַהֲבָה מִצְוָה
5	the hope	קַבָּלַת הַתִּקְוָה מִשְׁכָּן נְעִילָה

LESSON 11

חַלָה

BRAIDED BREAD
for Shabbat and holidays

LETTERS YOU KNOW

בּ ת תּ שׁ מ ל כּ ה ר כ ב

ד א ו ק צ ע נ ן

VOWELS YOU KNOW

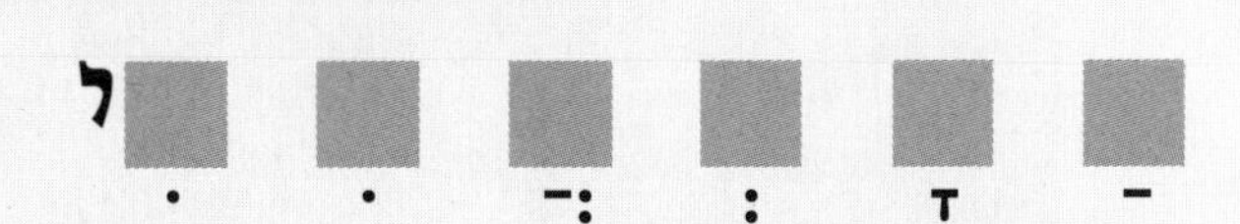

NEW LETTER

1 חַ חִ חִי חֲ חָ ח

2 כַ חַ כִי חִי כָ חָ

3 חִי הִי חֲ הֲ חָ הָ

BE ALERT!

The letters כ and ח make the same sound.
What sound do these letters make?

NOW READ & READ AGAIN

1 חִכָּ חָבִי חָתָ בָּח אַח צָח

2 חָל חִיל חַד חָשׁ חִישׁ חִימִי

3 קַח צַח נָח לָח אָח חַוָה

4 חִכָּה שָׁכַח חָבִיב חֲבָל חָתָן לָקַח

5 חַלָה חָלִיל וְצָחַק אַחַת חָצִיר חָנָן

6 מִנְחָה חֲמִשָׁה שָׁלְחָה חִירִיק בָּחַרְתְּ

7 רַחֲמָן הָרַחֲמָן שַׁחֲרִית חֲתִימָה חֲדָשָׁה

8 הַחַלָה הַבְּרָכָה חַלָה לְשַׁבָּת הָרַחֲמָן

HERITAGE WORDS

Can you find these Hebrew words above? Read and circle them.

the Merciful One (God) הָרַחֲמָן **braided bread** חַלָה

CHALLENGE

How many times did you read the word for *braided bread*? __________

LETTER AND VOWEL KNOW-HOW

These are all the letters and vowels you have learned.

Practice reading each line.

אִי	אִ	אֱ	אָ	אַ	1
בִּי	בִּ	בֶּ	בָּ	בַּ	2
בִי	בִ	בֶ	בָ	בַ	3
דִי	דִ	דֶ	דָ	דַ	4
הִי	הִ	הֱ	הָ	הַ	5
וִי	וִ	וֶ	וָ	וַ	6
חִי	חִ	חֱ	חָ	חַ	7
כִּי	כִּ	כֶּ	כָּ	כַּ	8
כִי	כִ	כֶ	כָ	כַ	9
לִי	לִ	לֶ	לָ	לַ	10
מִי	מִ	מֶ	מָ	מַ	11
נִי	נִ	נֶ	נָ	נַ	12
עִי	עִ	עֱ	עָ	עַ	13
צִי	צִ	צֶ	צָ	צַ	14
קִי	קִ	קֶ	קָ	קַ	15
רִי	רִ	רֶ	רָ	רַ	16
שִׁי	שִׁ	שֶׁ	שָׁ	שַׁ	17
תִי	תִ	תֶ	תָ	תַ	18

Can you say the name and sound of each letter you now know?

How many letters have you learned? _______

WRITING PRACTICE

Write the Letter

ח ח

Write the Words

Write the Hebrew word for *braided bread.*

חַלָּה

Write the Hebrew word for *the Merciful One (God).*

הָרַחֲמָן

RHYME TIME

Read aloud the words on each line. Three words on each line rhyme.

Circle the word that does not rhyme. Now read aloud the rhyming words.

Write the words you circled.

1	צַח	קַח	לָהּ	אָח	לָה
2	חַלָּה	חָמָה	חָתָן	כַּלָּה	
3	אָבְדָה	חָבִיב	אָבִיב	מַעֲרִיב	
4	עִבְרִית	אָשִׁיר	שַׁחֲרִית	עַרְבִית	
5	תְּקִיעָה	קְרִיאָה	עֲמִידָה	הַנָּבִיא	
6	לָקַח	שָׁחַת	שָׁכַח	שָׁלַח	

THE LIVING TRADITION חַלָּה

חַלָּה is the special bread we eat on שַׁבָּת. The dough is usually braided or twisted before it is baked. When we welcome שַׁבָּת we recite a בְּרָכָה over חַלָּה, as well as over candles and wine.

CHALLENGE

Can you recite each בְּרָכָה that we say when we welcome שַׁבָּת?

WORD SKILLS

Read the Hebrew words below. Write the correct Hebrew word above its English meaning. Read the sentence using the Hebrew word.

שְׁמַע   חַלָּה   בְּרָכָה

מִצְוָה   צְדָקָה   נָבִיא

1. We say a ______ (blessing) to say *Thank You* to God.
2. It is a ______ (commandment) to help feed the hungry.
3. We eat ______ (braided bread) on שַׁבָּת.
4. A ______ (prophet) was a spokesperson for God.
5. We say the prayer ______ (Hear) *O Israel, Adonai is our God, Adonai is One* in the morning service and the evening service.
6. When we perform an act of ______ (justice), we are following God's commandments.

LESSON 12

עֲלִיָה

GOING UP

the honor of being called up to recite the blessings over the Torah

LETTERS YOU KNOW

בּ ת תּ שׁ מ ל כּ ה ר כ ב

ד א ו ק צ ע נ ן ח

VOWELS YOU KNOW

ַ ָ ְ ֲ ִ ִי

NEW LETTER

י

עֲלִיָה

YUD

1 יַ יָ יִ יִי יְ יָ

2 יַ וַ יְ וְ יִי וִי

3 יָשׁ יָר יִן יְשִׁי חַיִ יְדִי

NOW READ & READ AGAIN

1 יָד יְהִי יַיִן יַמִי יָדִי יָמָה

2 שַׁיִשׁ יָשָׁן מִיָד נְיָר לַיִל הֱיִי

3 בַּיִת יָשָׁר יַעַר חַיָה עַיִן יָשַׁב

4 יָדַע אַיִל חַיָב יָחִיד יָקָר מַעְיָן

5 יְצִיר הָיָה יָוָן חַיִל יָצָא עֲדַיִן

6 יַחְדָו יִרְאָה יִצְחָק יַבָּשָׁה צִיַרְתִּי

7 עֲלִיָה כְּוִיָה יְוָכַח יַלְדָה יְדִיעָה

8 יְשִׁיבָה יִשְׁתַּבַּח הָיְתָה מִנְיָן עֲלִיָה

HERITAGE WORDS

Can you find these Hebrew words above? Read and circle them.

***aliyah*, going up** עֲלִיָה

ten Jewish adults, the minimum needed for a prayer service מִנְיָן

CHALLENGE

How many times did you read the word for *aliyah*? __________

WRITING PRACTICE

Write the Letter

י

Write the Words

Write the Hebrew word for *aliyah, going up.*

עֲלִיָּה

Write the Hebrew word for *minyan, ten Jewish adults.*

מִנְיָן

YUD DETECTIVE

Read each line aloud.

1	יַדְעָן	שִׁירָה	תְּחִיָּה	יְמָמָה
2	עֲנִיבָה	יַעֲנָה	יַלְדָּה	יִצְחָק
3	יָנַק	יָקָר	קְנִיָּה	מַכִּיר
4	הִיא	בְּנִי	שִׁירָה	בַּיִת
5	רִיב	יַחַד	קַמְתִּי	נָדִיר
6	יְקָרָה	חָבִיב	עֲנִיבָה	נָבִיא
7	יְדִיעָה	יָצָב	יַבָּשָׁה	אַיִן
8	יָשַׁע	יָשַׁבְתָּ	עִנְיָן	יָהִיר
9	עַיִן	יָמִין	יָרַשְׁתָּ	רְצִינִי

CHALLENGE

Circle a word that has a silent *yud* that is part of the vowel EE (ִי).

Write the word. ______________

THE LIVING TRADITION עֲלִיָּה

In the synagogue, the honor of being called up to the Torah is known as an עֲלִיָּה. The word עֲלִיָּה means "going up." We go up to the *bimah* and recite blessings before and after each section of the Torah is read.

The word עֲלִיָּה has another meaning. If someone moves to Israel, we say that person has made עֲלִיָּה, because the person has gone up to the land of Israel, the Holy Land.

CONNECTIONS

Read aloud the word-parts in each column.

Draw lines to connect the beginning of a word in the right-hand column to its ending in the left-hand column.

Read each completed word aloud.

וָה	שַׁ	1
הַבְתָּ	הַבְ	2
יָן	בְּרָ	3
דָלָה	וְאָ	4
בָּת	צְדָ	5
יָה	מִצְ	6
קָה	מִנְ	7
כָה	עֲלִ	8

VOCABULARY KNOW-HOW

Do you know the Hebrew word for *justice*? Write it here. ______________

LESSON 13

לְחַיִּים

TO LIFE

LETTERS YOU KNOW

בּ ת תּ שׁ מ ל כּ ה ר כ ב

ד א ו ק צ ע נ ן ח י

NEW LETTER

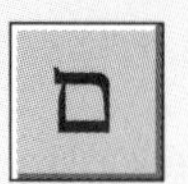

VOWELS YOU KNOW

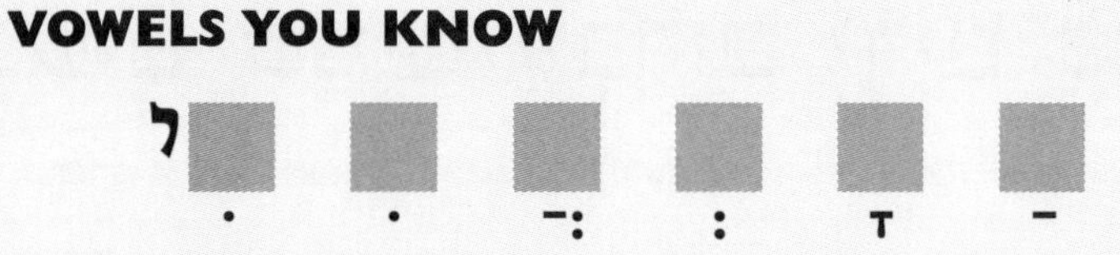

1. תָּם קָם צָם דָם אִם חַם
2. עַם שָׁם יָם בָּם רָם עִם
3. יִים תִּים רַיִם לִים הָם אִים

BE ALERT!

There are five letters in the Hebrew alphabet that have a different form when they come at the end of a word.

When a מ comes at the end of a word, it is a final ם.

What is the name of the letter? What sound does it make? How are the two letters different?

1 הָלַם אַחִים עָלִים מִרְיָם בַּדִים תָּרַם

2 אִיִים שְׁנַיִם בָּתִּים אָדָם דַקִים מִצְרַיִם

3 חָכָם רַעַם יָמִים רַבִּים חַיִים דָמַם

4 בָּנִים מַיִם אָדָם שְׁתַּיִם מִלִים אָשָׁם

5 נָשִׁים שָׁמַיִם דְבָרִים יָדַיִם קָמִים עָלִים

6 אַבְרָהָם נְבִיאִים כְּרָמִים שִׁבְעִים אֲנָשִׁים

7 עִבְרִים רַחֲמִים יְלָדִים צַדִיקִים מְלָכִים

8 עֲבָדִים יְצִיאַת מִצְרַיִם לְחַיִים לְחַיִים

HERITAGE WORDS

Can you find these Hebrew words above? Read and circle them.

to life לְחַיִים

the name of the first human (man) אָדָם

the Exodus, going out from Egypt יְצִיאַת מִצְרַיִם

CHALLENGE

Jewish people say לְחַיִים on very special occasions.

When would you say לְחַיִים?

WORD FIND

Read each word aloud. The words are hidden in the puzzle. Look across from right to left to find them. Circle each word you find.

מִנְחָה	צִיצִית	שְׁמַע	מִצְוָה
צְדָקָה	הָרַחֲמָן	הַתִּקְוָה	קַדִּישׁ
מִנְיָן	נְשָׁמָה	כַּוָּנָה	בְּרִית
	שַׁבָּת	כַּלָּה	

ה	ק	ד	צ	ה	נ	ו	כּ
ה	ו	צ	מ	ת	י	ר	בּ
ה	ו	ק	ת	ה	ע	מ	שׁ
ן	י	נ	מ	שׁ	י	ד	ק
ת	בּ	שׁ	ן	מ	ח	ר	ה
ה	מ	שׁ	נ	ה	ח	נ	מ
ת	י	צ	י	צ	ה	ל	כּ

VOCABULARY CHALLENGE

You know the English meaning of many of the words in the Word Find activity above. Read the Hebrew and give the English meaning for the words you know.

WRITING PRACTICE

Write the Letter

ם

Write the Words

Write the Hebrew name for *the first human.*

אָדָם

Write the Hebrew word for *To Life!*

לְחַיִּים

Write the Hebrew words for *Exodus from Egypt.*

יְצִיאַת מִצְרַיִם

BE ALERT!

מ and ם have the same sound.

How are they different?

Complete each word by adding the correct form of *mem.*

How many words can you read?

1 שְׁנַיִ__	2 הָ__ָן	3 שְׁ__ַע
4 הָרַחֲ__ָן	5 אַבְרָהָ__	6 בִּרְכַּיִ__
7 לְחַיִּי__	8 יָמִי__	9 __ִצְוָה
10 __ִנְיָן	11 אָדָ__	12 __ִצְרַיִם

Do you know the meaning of some of the words?

How many? ____________

THE LIVING TRADITION לְחַיִּים

לְחַיִּים means "to life." At a special celebration, such as a wedding or graduation, it is traditional to clink our glasses together and say לְחַיִּים.

The word חַיִּים means "life" and appears in many of our prayers.

WORD POWER

Read aloud the Hebrew words in each line. Circle the word that has the same meaning as the English in the box.

1	blessing	(בְּרָכָה)	חַלָּה	הַבְדָּלָה	שַׁמָּשׁ
2	to life	מִצְוָה	חָכָם	עֲבָדִים	לְחַיִּים
3	hear	נָבִיא	בָּנִים	שְׁמַע	שְׁתַּיִם
4	going up	מִצְרַיִם	עֲלִיָּה	עַיִן	יְצִיאַת
5	justice	יְלָדִים	שָׁמַיִם	צְדָקָה	יְשִׁיבָה

Read the Hebrew word in each box.

צַדִּיק 4	נָבִיא 3	רַבִּי 2	אִמָּא 1
לְחַיִּים 8	אָחִי 7	דָּוִד 6	יְהִי 5
מִצְוָה 12	עֲלִיָּה 11	לְכִי 10	כִּי 9
צִיצִית 16	עִבְרִית 15	נִין 14	אֲנִי 13
הַתִּקְוָה 20	שִׁירָה 19	בְּרִית 18	תְּקִיעָה 17

NAME GAME

Which box contains the boy's name *David*?

AN *ALEF BET* CHART

You have learned six new letters in Lessons 9-13:

ע נ ן ח י ם.

Turn to the *Alef Bet* Chart on page 160. Color in the new letters.

Can you say the name and sound of each letter you now know?

LESSON 14

תּוֹרָה

TORAH

LETTERS YOU KNOW

בּ ת תּ שׁ מ ל כּ ה ר כ ב

ד א ו ק צ ע נ ן ח י ם

VOWELS YOU KNOW

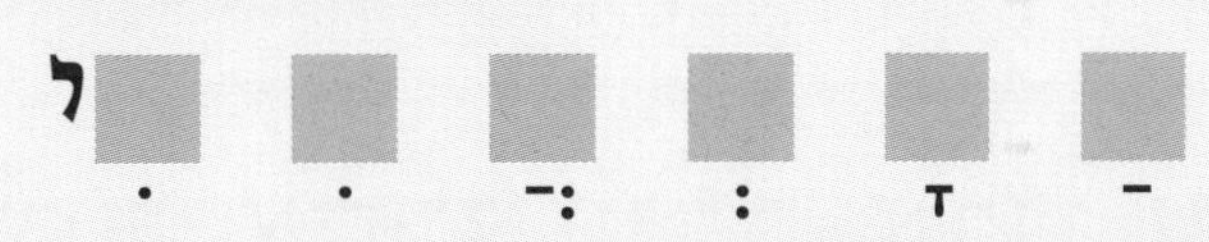

NEW VOWELS

1 תּוֹ בּוֹ רוֹ מוֹ לוֹ דוֹ נוֹ

2 אֹ צֹ קֹ עֹ נֹ חֹ יֹ

3 מֹעַ עוֹת אָנֹ שׁוֹן קֹב דוֹשׁ

תּוֹרָה

וֹ

BE ALERT!

Usually a vowel is found below a letter: רָ, שַׁ.

But the vowel וֹ or ˙ follows a letter: תּוֹ מֹ

NOW READ & READ AGAIN

1 כֹל לֹא אוֹת יוֹם חוֹל צֹאן

2 עוֹד קוֹל מוֹת שׁוֹר צוֹם חוֹר

3 שָׁמֹעַ יָבֹא אֹתָם דָתוֹ אָנֹכִי כְּמוֹ

4 אָבוֹת מְאֹד כְּבוֹד לָשׁוֹן נָכוֹן שָׁעוֹת

5 קָדוֹשׁ תּוֹרָה צִיוֹן מוֹרָה תְּהֹם מְלֹא

6 שְׁלֹמֹה אַהֲרֹן יַעֲקֹב אֲדוֹן עוֹלָם

7 הַמּוֹצִיא שַׁבַּת שָׁלוֹם רֹאשׁ הַשָּׁנָה

8 תּוֹרָה בְּרָכוֹת מִצְווֹת דוֹרוֹת כֹּהֲנִים

HERITAGE WORDS

Can you find these Hebrew words above? Read and circle them.

Torah, teaching	תּוֹרָה	a peaceful Shabbat	שַׁבַּת שָׁלוֹם
holy	קָדוֹשׁ	blessing over bread	הַמּוֹצִיא
hello, good-bye, peace	שָׁלוֹם	Jewish New Year	רֹאשׁ הַשָּׁנָה

CHALLENGE

Can you find the name of the Jewish New Year in the words above?

Write it here. ______________________

Can you recite the בְּרָכָה we say over bread?

WORD FIND

Read aloud the Hebrew word in each box.

Find the Hebrew word in the chain of letters and circle it.

1	עוֹלָם	 עוֹלָהעֱלעוֹלָםשָׁלוֹןהַם
2	מִנְיָן	מַיִסמַןמִנְחָהַיַיִןמִנְיָן
3	עֲלִיָה	עַלעֲלִיָההַלִיָהעוֹלָהָת
4	כַּוָנָה	כַּנָהוַנָההַכַּוָנָהוְכַּהָה
5	שָׁלוֹם	שָׁלוֹהַלוֹםשָׁלוֹשהַשָׁלוֹסת
6	נְשָׁמָה	נְשָׁמְאָטָמָהַנְשָׁמָהשָׁנָמָה
7	שַׁחֲרִית	רִישַׁחֲרִיתחֲרִיָהשַׁחֲרַת
8	תּוֹרָה	תּוֹדָהמוֹרָהתּוֹרָהרוֹתּוֹה
9	בְּרִית	כְּרִיתְרִיתבְּרִיבְּרִיתהַרִית
10	שְׁמַע	מְשַׁעשְׁעָאשְׁמַעשְׁמַצמַעשׁ

WORD RIDDLE

My name means "peace." My name also means "hello" and "good-bye."

My name contains the vowel וֹ. Who am I?

WRITING PRACTICE

Write the Words

Write the Hebrew word for *a peaceful Shabbat.*

שַׁבַּת שָׁלוֹם

Write the Hebrew word for *the blessing over bread.*

הַמּוֹצִיא

Write the Hebrew words for *the Jewish New Year.*

רֹאשׁ הַשָּׁנָה

Write the Hebrew word for *Torah.*

תּוֹרָה

Write the Hebrew word for *holy.*

קָדוֹשׁ

Write the Hebrew word for *hello, good-bye, peace.*

שָׁלוֹם

RHYME TIME

Read aloud the words on each line. Three words rhyme. Circle the word that does not rhyme. Now read aloud the rhyming words.

Write the words you circled.

1	בַּר	קַר	הַר	בַּת	בַּת
2	שׁוֹר	חוֹם	חוֹר	תּוֹר	
3	תּוֹרָה	לִקְרֹא	אוֹרָה	מוֹרָה	
4	לָשׁוֹן	שָׁעוֹן	עוֹלָם	נָכוֹן	
5	קָדוֹשׁ	רֹאשׁ	שָׁלוֹשׁ	רוֹצָה	
6	דּוֹר	חוֹל	קוֹל	הַכֹּל	
7	אוֹתוֹ	חַיּוֹת	שְׁנוֹת	בְּרִיּוֹת	
8	שָׁלוֹם	אָדוֹם	חֲלוֹת	חֲלוֹם	

WORD RIDDLE

I am a word repeated three times in a row when we recite the עֲמִידָה. I mean "holy, holy, holy." I begin with the letter ק. Who am I?

THE LIVING TRADITION תּוֹרָה

The word תּוֹרָה means "teaching" and is the name of the Five Books of Moses. The תּוֹרָה teaches us how to live good and honest lives. The stories in the תּוֹרָה tell us about our ancestors Abraham and Sarah, Isaac and Rebecca, Jacob, Leah, and Rachel. We read portions of the תּוֹרָה each week in the synagogue to help us remember God's teachings.

CONNECTIONS

Read the words in each column.

Connect the beginning of a phrase in column א with its ending in column ב. Read each completed phrase aloud.

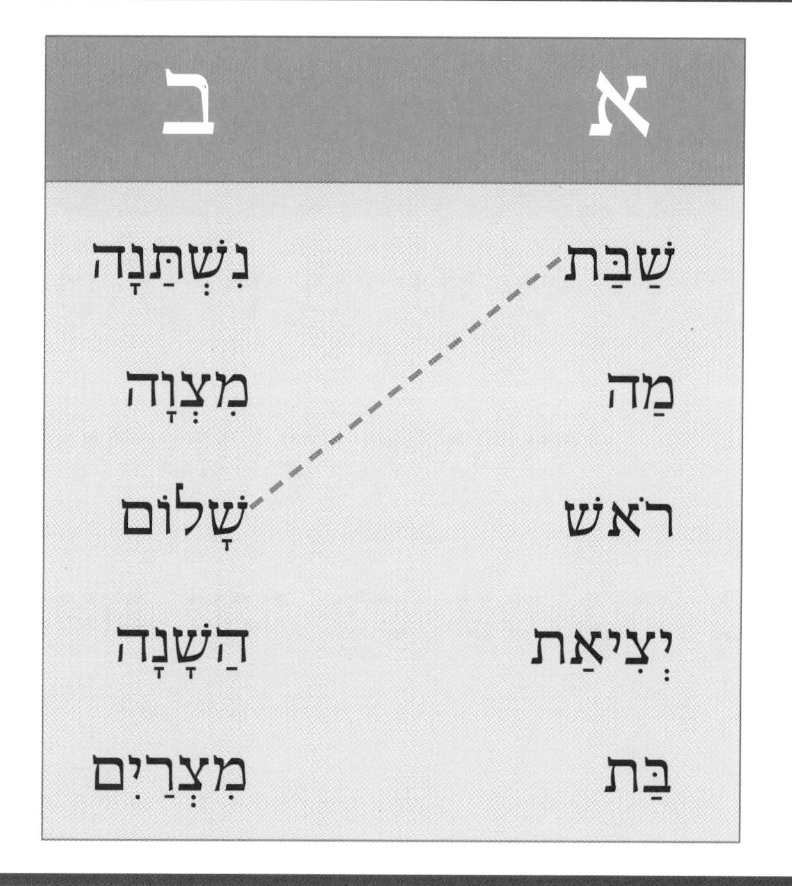

ב	א
נִשְׁתַּנָּה	שַׁבַּת
מִצְוָה	מַה
שָׁלוֹם	רֹאשׁ
הַשָּׁנָה	יְצִיאַת
מִצְרַיִם	בַּת

LESSON

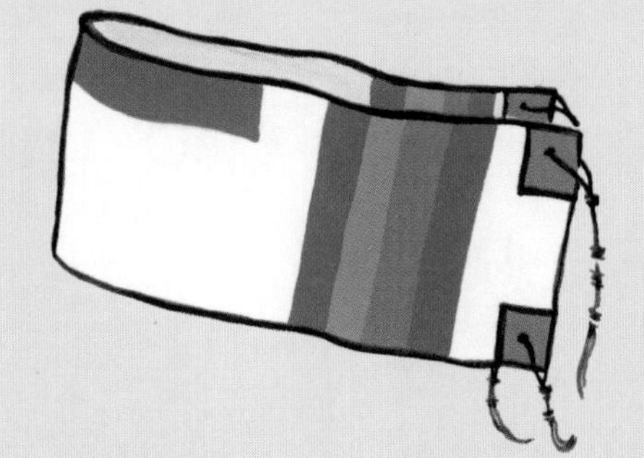

טַלִּית

TALLIT, PRAYER SHAWL

LETTERS YOU KNOW

בּ ת תּ שׁ מ ל כּ ה ר כ ב

ד א ו ק צ ע נ ן ח י ם

VOWELS YOU KNOW

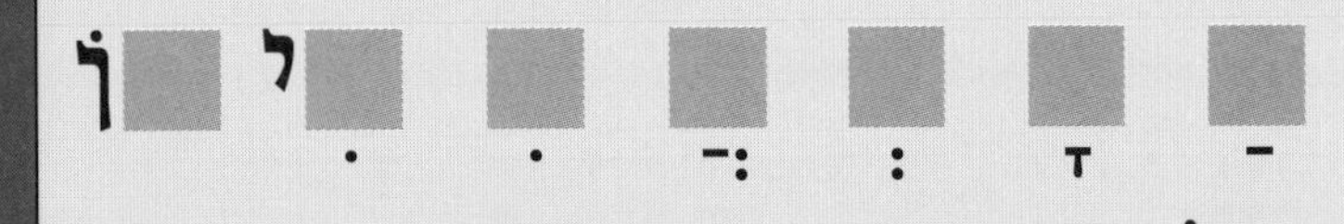

NEW LETTER

ט

טַלִּית

TET

1 טַ טְ טִ טוֹ טִי טֹ

2 טוֹ מוֹ טָ מָ טְ מְ

3 טָה טַשׁ בָּט עַט טָר נְטִי

NOW READ & READ AGAIN

1 טוֹן טִיב מָט אַט חַיָט מוֹטוֹ

2 טוֹב טַל אִטִי טָרִי שׁוֹט קָט

3 מִטָה מוֹט קָטָן חִטָה שָׁחַט לָטַשׁ

4 לְאַט מָטָר חָטָא מְעַט שְׁבָט בָּטַח

5 טַלִית טָהוֹר אָטָד טַעַם טִבְעִי טָמַן

6 קְטַנָה עֲטָרָה מִקְלָט חֲטָאִים הִבִּיטָה

7 שְׁבָטִים טוֹבִים בִּטָחוֹן נְטִילַת יָדַיִם

8 טַלִית שָׁנָה טוֹבָה יוֹם טוֹב

HERITAGE WORDS

Can you find these Hebrew words above? Read and circle them.

tallit, **prayer shawl** טַלִית

holiday, festival יוֹם טוֹב

Happy New Year שָׁנָה טוֹבָה

CHALLENGE

Can you find the Hebrew phrase we say at רֹאשׁ הַשָּׁנָה to wish each other *a good year*?

SOUNDS LIKE

Read each line aloud.

Circle the Hebrew sounds on each line that are the same.

1	אַתָּה	הָאַתְּ	עַתָּה	כַּתִיָה
2	מוֹתָה	טָאָר	תּוֹתָח	תֹּאַר
3	לָקַח	כַּלָּה	קַלָּה	כָּלַת
4	מָכַר	כַּמָּה	חָמַת	מָחָר
5	וָנָע	עָנָו	בָּעָע	עָנָב
6	נָטַע	לְאַט	נָתָה	לְתָת
7	שְׁתִיָּה	קְלִיטָה	כְּלִית	שְׁלִיטָה
8	דַקוֹת	דַכּוֹת	רַכָּת	כּוֹרָה

BE ALERT!

The letters תּ, ת, and ט make the same sound.

What sound do they make?

WORD WIZARD

Follow the directions and discover a hidden phrase.

Cross out the Hebrew letters and their vowels that match the English sounds below.

Write the remaining Hebrew letters with their vowels and discover a special phrase.

1 CHAH

2 YEE

3 MOH

4 LAH

5 N

6 EE

עִי שָׁ יִי נָ לָ ה   מוֹ טוֹ בָּ כָ ה ן

What does the phrase mean? ______________________________

WRITING PRACTICE

Write the Letter

ט

Write the Words

Write the Hebrew word for *tallit, prayer shawl.*

טַלִּית

Write the Hebrew words for *Happy New Year.*

שָׁנָה טוֹבָה

Write the Hebrew words for *holiday, festival.*

יוֹם טוֹב

SEARCH AND CIRCLE

Read aloud the Hebrew sounds on each line.

Circle the Hebrew that sounds the same as the English in the box.

Write the sounds you circled.

#	English						Write
1	HA	חֵ	חָ	(הַ)	תָ	(הֵ)	הַ הֵ
2	EE	אִי	צִ	אֱ	עִי	צִי	
3	NO	וֹו	נוֹ	וֹ	כֹ	נֹ	
4	CHAH	ח	חֵ	הֵ	כַ	תַ	
5	VEE	וִי	יִ	יִי	וִיא	יֹ	
6	TAH	טַ	אֲ	מַ	תָּ	טְ	
7	N	ו	ר	ן	ד	נ	
8	VO	רוֹ	כֹ	בֹ	יֹ	וֹו	
9	KEE	קִי	בִּי	לִ	כִּי	חִי	
10	M	ן	ם	ה	מ	ח	
11	TSAH	עַ	צָ	צְ	עֱ	צַ	
12	RO	רוֹ	דוֹ	תֹ	רֹ	וֹ	

THE LIVING TRADITION טַלִית

טַלִית is the Hebrew word for "prayer shawl." Many Jewish adults wear a טַלִית during morning prayer services. The four corners of the טַלִית have knotted fringes called צִיצִית. The תּוֹרָה tells us to look at the צִיצִית so that we will remember to follow God's commandments.

MIX AND MATCH

Connect each Hebrew word with its English meaning. Read each Hebrew-English match aloud.

blessing	צְדָקָה
prayer shawl	שַׁבָּת
justice	בְּרָכָה
Sabbath	טַלִית

Torah	הַבְדָּלָה
going up	בַּת
separation	תּוֹרָה
daughter	עֲלִיָּה

holy	שְׁמַע
to life	וְאָהַבְתָּ
hear	לְחַיִּים
and you shall love	קָדוֹשׁ

prophet	מִצְוָה
braided bread	שַׁמָּשׁ
helper	נָבִיא
commandment	חַלָּה

Practice reading the words.

קָדוֹשׁ	כְּבוֹד	רִבּוֹנוֹ	אוֹת
4	3	2	1
טוֹב	חוֹל	מִצְווֹת	טָהוֹר
8	7	6	5
שָׁלוֹם	נָכוֹן	כֹּהֲנִים	צִיוֹן
12	11	10	9
צוֹם	עוֹלָם	נוֹרָא	הַמוֹצִיא
16	15	14	13
תּוֹרָה	לָשׁוֹן	רֹאשׁ	קוֹל
20	19	18	17

LESSON 

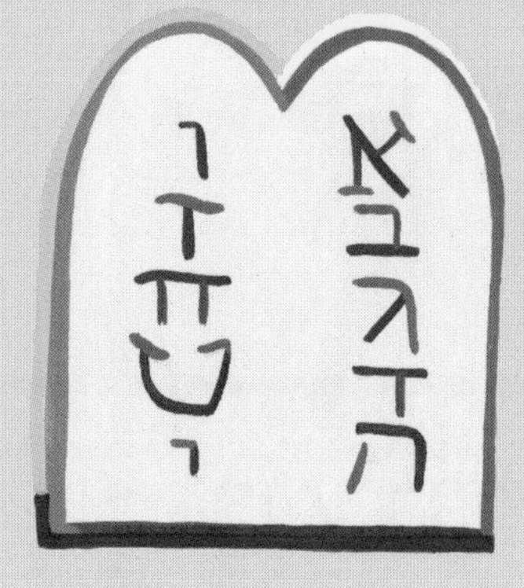

אֱמֶת

TRUTH

LETTERS YOU KNOW

בּ ת תּ שׁ מ ל כּ ה ר כ ב

ד א ו ק צ ע נ ן ח י ם

ט

VOWELS YOU KNOW

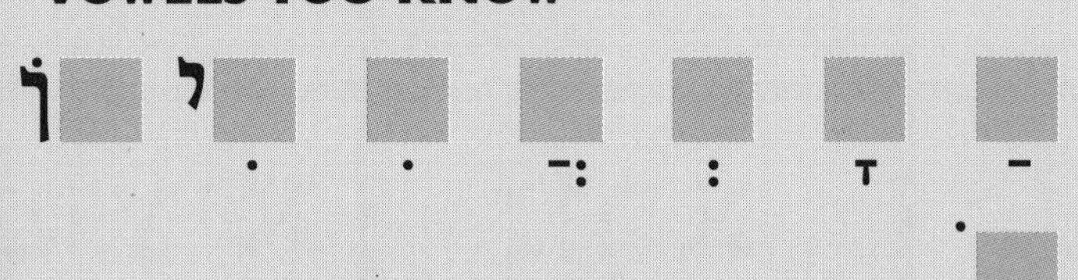

NEW VOWELS

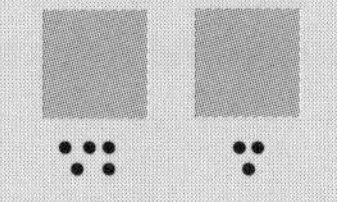

1 דֶ בֶּ תֶ טֶ אֱ יֱ

2 שֶׁ עֱ מֶ לֶ קֶ צֶ

3 תֶּם עֶד רֶב חֱלִי דֶשׁ יֶה

אֱמֶת

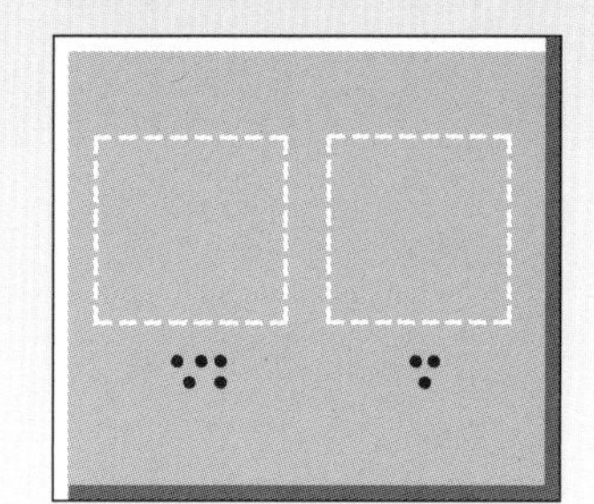

1 אֶת אֶל שֶׁלִי שֶׁלֹא אֱמֶת אַתֶּן

2 אֲשֶׁר שֶׁמֶשׁ יֶלֶד לָכֶם אֹהֶל אֶבֶן

3 אַתֶּם נֶצַח חֹדֶשׁ כֹּתֶל טֶרֶם אֶחָד

4 רוֹצֶה שֶׁבַע עֶרֶב מוֹרֶה נֶאֱמָן יִהְיֶה

5 וְנֶאֱמַר מְחַיֶּה רוֹעֶה עוֹלֶה הֶחֱלִיט שְׁמוֹנֶה

6 לְעוֹלָם וָעֶד תּוֹרַת אֱמֶת מְצַוֶּה אֶתְכֶם

7 אֲרוֹן הַקֹּדֶשׁ כֶּתֶר תּוֹרָה וַיֹּאמֶר אֱלֹהִים

8 אֱלֹהִים הַמּוֹצִיא לֶחֶם אֱמֶת וָצֶדֶק

HERITAGE WORDS

Can you find these Hebrew words above? Read and circle them.

truth	אֱמֶת	Who brings forth bread	הַמּוֹצִיא לֶחֶם
God	אֱלֹהִים	the Holy Ark	אֲרוֹן הַקֹּדֶשׁ

CHALLENGE

How many times did you read the word for *truth*? __________

BE ALERT!

Sometimes, the dot on the letter שׂ has to do two jobs.

מֹשֶׁה = מֹ שֶׁה

Can you explain what two jobs the dot has to do in these words?

מֹשֶׁה   עֹשֶׁר   שָׁלֹשׁ   רֹשֶׁם   קֹדֶשׁ

PRAYER BUILDING BLOCKS

Practice reading these prayer phrases.

א

1 הַמּוֹצִיא לֶחֶם

2 וַיֹּאמֶר מֹשֶׁה

3 לְעוֹלָם וָעֶד

4 תּוֹרַת אֱמֶת

ב

1 מִי כָּמֹכָה נֶאְדָּר בַּקֹּדֶשׁ

2 אֱלֹהִים בָּרָא אֶת הַשָּׁמַיִם

3 אֲשֶׁר אָנֹכִי מְצַוֶּה אֶתְכֶם

4 כִּי עֶבֶד נֶאֱמָן קָרָאתָ לוֹ

SEARCH AND CIRCLE

Read aloud the Hebrew words on each line. Circle the Hebrew word that sounds the same as the English in the box. Write the words you circled.

1	ALIYAH	צִיּוֹן	עֲלִיָּה	הֲלָכָה	עֲלִיָּה
2	TALLIT	מִנְיָן	טוֹבָה	טַלִּית	
3	SHALOM	עוֹלָם	אָרוֹן	שָׁלוֹם	
4	MATZAH	הַמּוֹצִיא	מַצָּה	מִנְחָה	
5	AMIDAH	תְּקִיעָה	נְשָׁמָה	עֲמִידָה	
6	KADDISH	צַדִּיק	קַדִּישׁ	בְּרִית	
7	SHEMA	שְׁמַע	שַׁמָּשׁ	שַׁבָּת	

IN YOUR OWN WORDS

Explain the meaning of each word you circled above.

WRITING PRACTICE

Write the Words

Write the Hebrew word for *truth*.

אֱמֶת

Write the Hebrew word for *God*.

אֱלֹהִים

Write the Hebrew words for *the Holy Ark*.

אֲרוֹן הַקֹּדֶשׁ

Write the Hebrew words for *Who brings forth bread*.

הַמּוֹצִיא לֶחֶם

THE LIVING TRADITION אֱמֶת

The Hebrew word אֱמֶת means "truth." In our prayers we say that God's words are true and righteous: אֱמֶת וָצֶדֶק. In the Ten Commandments we are told to tell the truth—אֱמֶת. We are also taught that relationships between people must be built on אֱמֶת, on trust and truth.

NAME KNOW-HOW

Match each Hebrew name with its translation. Read each match aloud.

Miriam	חַנָּה
Rebecca	דְּבוֹרָה
Hannah	רִבְקָה
Deborah	מִרְיָם

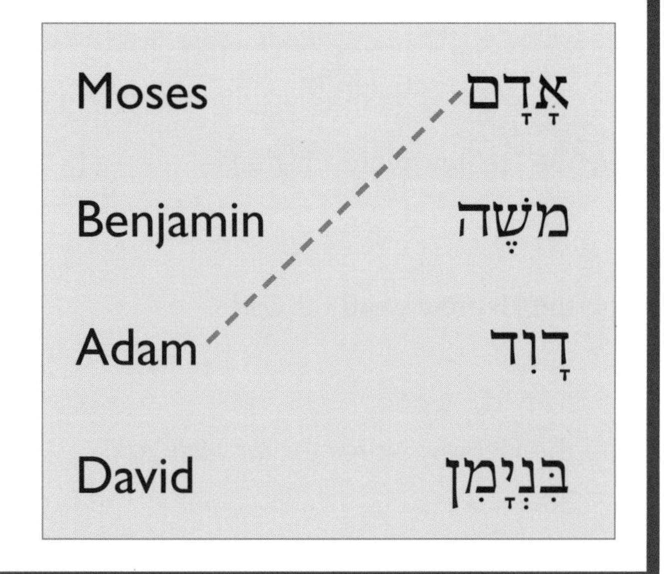

Moses	אָדָם
Benjamin	מֹשֶׁה
Adam	דָּוִד
David	בִּנְיָמִן

LESSON 17

PASSOVER
the feast of unleavened bread

LETTERS YOU KNOW

בּ ת תּ שׁ מ ל כּ ה ר כ ב
ד א ו ק צ ע נ ן ח י ם
ט

VOWELS YOU KNOW

NEW LETTERS

1 פּוֹ פֶּ פַּ פְּ פֹּ פָּ

2 פֶּה פְּרִי פֹּה פֶּן פַּת פֶּתִי

3 פְּשָׁ פֶּשַׁ צִפּוֹ כַּפִּי טִפָּ פֶּרֶך

פֶּסַח
PAY

NOW READD & READ AGAIN

1. אַפּוֹ פִּיל פָּנָה פַּחַד מִפִּי פֶּרַח
2. טִפָּה כַּפַּיִם צִפּוֹר פְּתַח דַפִּים כַּפִּית
3. פְּשָׁט פַּעַם פֶּלֶא פֶּשַׁע פֶּרֶק כִּפָּה
4. פּוֹדֶה מַפָּה פָּקַד פָּחוֹת יִפֹּל תִּפֹּל
5. פִּדְיוֹן פַּרְצִי פְּלוֹנִי יִשְׁפֹּט מִשְׁפָּט פַּרְעֹה
6. פָּרָשָׁה כַּפָּרָה מַשְׁפִּיעַ צִפּוֹרָה עִפָּרוֹן
7. פְּעָמִים פָּתַחְתָּ אַלְפַּיִם הַשְׁפָּעָה פִּתְאֹם
8. מִשְׁפָּחָה מִשְׁפָּטִים מִתְפַּלְלִים פְּרָחִים

HERITAGE WORDS

Can you find these Hebrew words above? Read and circle them.

family מִשְׁפָּחָה **_kippah_, skullcap** כִּפָּה

CHALLENGE

Can you find the Hebrew word for Pharaoh in the lines above?

Which line is it on? ___________

Do you know what Pharaoh did?

RHYME TIME

Read aloud the Hebrew words on each line. Circle the two rhyming words.

Now read the rhyming words aloud.

1 נוֹרָא צוֹם תּוֹרָה אוֹת

2 יוֹרָם מוֹצִיא הוֹצִיא הוֹלְכִים

3 תֶּרֶק לֶחֶם כֶּתֶר רֶחֶם

4 פֶּרֶק טִפָּה פֶּרַח כִּפָּה

5 טָהוֹר טַלִּית מִטָּה שָׁחוֹר

6 פִּדְיוֹן פְּעָמִים פִּתְאֹם עִפָּרוֹן

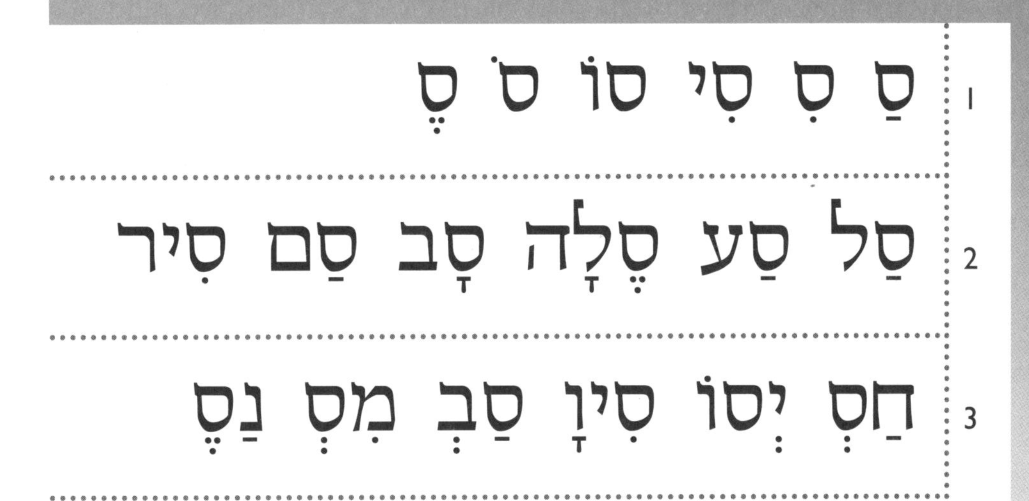
1 סַ סִ סִי סוֹ סֹ סֶ

2 סַל סַע סֶלָה סָב סַם סִיר

3 חַסְ יְסוֹ סִיוָ סַבְ מִסְ נַסֶ

NOW READ & READ AGAIN

1 כּוֹס סֶלַע מַס פֶּסַח סְתָו סִיוָן

2 סְתָם חֶסֶד סַבָּא סַבְתָּא חָסִיד כַּסְפּוֹ

3 נִיסָן סִדְרָה חַסְדוֹ סַנְדָּק יְסוֹד מִסְפָּר

4 מָסֹרֶת נִסִים נִכְנָס כְּסוֹד מְנַסֶה לַעֲסֹק

5 סְבִיבוֹן מְסָבִיב בָּסִיס הִסְפִּיד וְנִסְכּוֹ מַחְסִי

6 מְסַפֶּרֶת כְּנֶסֶת נִסְפָּח הַכְנָסַת מַסְפִּיק

7 חֲסָדִים חֲסִידִים פַּרְנָסָה סְלִיחָה סְלִיחוֹת

8 פֶּסַח כַּרְפַּס חֲרוֹסֶת מַצָּה מָרוֹר פֶּסַח

HOLIDAY CHALLENGE

Can you find the Hebrew word for *dreidel* in the lines above?
Which line is it on? ___________

HERITAGE WORDS

Can you find these Hebrew words above? Read and circle them.

Passover פֶּסַח **kindness** חֶסֶד

CHALLENGE

How many times did you read the word for *Passover*? ___________

WRITING PRACTICE

Write the Letters

פּ

ס

Write the Words

Write the Hebrew word for *Passover.*

פֶּסַח

Write the Hebrew word for *kindness.*

חֶסֶד

Write the Hebrew word for *kippah, skullcap.*

כִּפָּה

Write the Hebrew word for *family.*

מִשְׁפָּחָה

WORD FIND

Read the Hebrew word in each box.

Find the Hebrew word in the chain of letters and circle it.

Write the words you circled.

1	מַצָּה	מַעֲלְאֶמַצָּהאִיקָמָן
2	פֶּסַח	פֶּהסָאחַלָהפֶּסַחה
3	אֱמֶת	הָאֱמֶתתָאחֲתֶמָא
4	חֶסֶד	חָמחֶסֶדחֶדֶרסַח
5	סְבִיבוֹן	סְבָןסְבִיבוֹןסָבִיבַסבוֹן
6	תּוֹרָה	טוֹבָהתוֹדָהרָהַתּוֹרָהת
7	מִשְׁפָּחָה	מִשֶׁהמִשְׁפָּחָהמִשְׁפָּטִים

THE LIVING TRADITION פֶּסַח

When our people were slaves in Egypt, God sent מֹשֶׁה to lead us out of Egypt to freedom. We celebrate this event each spring with the festival of פֶּסַח. Every year we retell the פֶּסַח story when we read the *haggadah*.

THE פֶּסַח SEDER

Read each Hebrew word and its English meaning aloud. Read each sentence describing a פֶּסַח food. Write the correct Hebrew word to answer each question.

מָרוֹר	מַצָּה	חֲרוֹסֶת	כַּרְפַּס	יַיִן
bitter herbs	matzah	chopped apples and nuts *ḥaroset*	greens	wine

1 Everyone was in a hurry to leave Egypt and did not have time to wait for the bread dough to rise. My dough hardened into a flat, crunchy kind of bread.

Who am I? ______________

2 I am the greens on the seder plate. I represent springtime and new life. I am dipped into salt water to remind us of the tears we cried when we were slaves.

Who am I? ______________

3 I taste bitter. I am a reminder of our bitter lives as slaves. Who am I? ______________

4 I remind everyone of the bricks we had to make when we were slaves in Egypt.

Who am I? ______________

5 I am a sweet liquid. I am poured into a glass four times during the seder. Each of the four times reminds us of God's four promises to bring us from slavery to freedom.

Who am I? ______________

LESSON 18

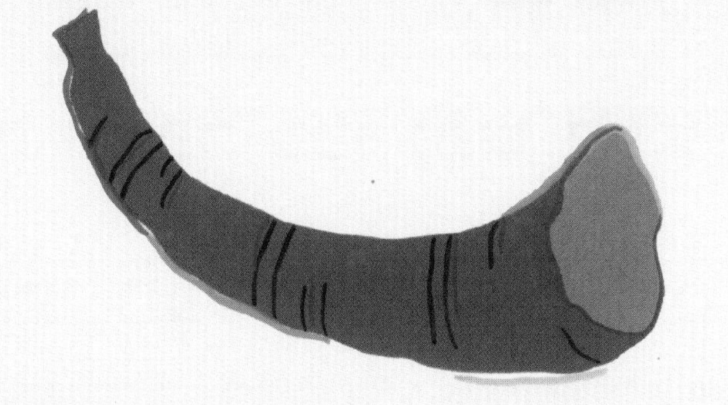

שׁוֹפָר

SHOFAR

LETTERS YOU KNOW

בּ ת תּ שׁ מ ל כּ ה ר כ ב

ד א ו ק צ ע נ ן ח י ם

ט פּ ס

VOWELS YOU KNOW

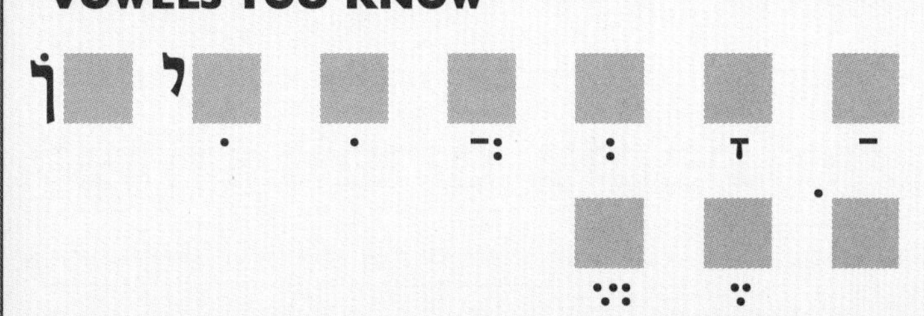

NEW LETTER

פ

1	פִי פֶ פַ פוֹ פְ פֹ
2	פֶ פֶּ פ פּ פֹ פֹּ
3	נָפַ אֹפֶ שֶׁפַ לִפְ תְּפִ צוֹפִ

BE ALERT!

The letters פּ and פ make different sounds.
What sound does פּ make? What sound does פ make?
How do they look different?

NOW READ & READ AGAIN

1 יָפֶה עָפָר כְּפִי נֶפֶשׁ חֹפֶשׁ צוֹפֶה

2 אֹפִי תָּפַס נָפַל אָפָה יָפִים נַפְשִׁי

3 אֹפֶן אֶפֶס צָפוֹן שֶׁפַע כֹּפֶר יִפְתֶּה

4 אָסַפְתָּ אֶפְשָׁר תְּפִלָּה מַפְטִיר תִּפְתַּח לִפְעָמִים

5 תְּפִלּוֹת סְפָרִים סוֹפְרִים לְפָנִים צוֹפִיָּה אַפְקִיד

6 לִפְדוֹת נוֹפְלִים טוֹטָפֹת נַפְשְׁכֶם תִּפְאֶרֶת

7 אֲפִיקוֹמָן הַפְטָרָה שׁוֹפְטִים כְּמִפְעָלוֹ תְּפִילִין

8 שׁוֹפָר תְּפִלָּה תְּפִילִין מַפְטִיר הַפְטָרָה

HERITAGE WORDS

Can you find these Hebrew words above? Read and circle them.

prayer תְּפִלָּה

shofar שׁוֹפָר

haftarah הַפְטָרָה

soul נֶפֶשׁ

afikoman אֲפִיקוֹמָן

CHALLENGE

Can you find the Hebrew word for *haftarah* in the lines above?

Which lines is it on? _______ _______

Do you know what the haftarah is?

WRITING PRACTICE

Write the Letter

פ

Write the Words

Write the Hebrew word for *shofar.*

שׁוֹפָר

Write the Hebrew word for *soul.*

נֶפֶשׁ

Write the Hebrew word for *afikoman.*

אֲפִיקוֹמָן

Write the Hebrew word for *prayer.*

תְּפִלָּה

Write the Hebrew word for *haftarah.*

הַפְטָרָה

PRAYER BUILDING BLOCKS

Read these prayer phrases. Circle the Hebrew letters that sound the same as the English letter in the box. Write the letters you circled.

ד	תָּמִיד מְסַפְּרִים כְּבוֹד אֱלֹהִים	D	1
	אֲשֶׁר אָנֹכִי מְצַוֶּה אֶתְכֶם הַיּוֹם	M	2
	עַל לְבַבְכֶם וְעַל נַפְשְׁכֶם	V	3
	נַפְשִׁי תִדּוֹם וְנַפְשִׁי כֶּעָפָר לַכֹּל תִּהְיֶה	F	4
	קְשַׁרְתֶּם אֹתָם לְאוֹת עַל יֶדְכֶם	T	5
	פּוֹתְחִים אֶת פִּיהֶם בְּשִׁירָה	P	6

THE LIVING TRADITION שׁוֹפָר

The שׁוֹפָר is made from a ram's horn. When it is blown, it makes a loud trumpeting sound. We blow the שׁוֹפָר on Rosh Hashanah and Yom Kippur. In ancient times the שׁוֹפָר was blown to announce the beginning of Shabbat. The Bible tells us it was sounded at Mount Sinai when we were given God's Torah and we promised to obey God's commandments. When we hear the sound of the שׁוֹפָר today, it reminds us that we must keep that promise always.

PICTURE PERFECT

Read each word aloud.

Write the correct word below the matching picture.

טַלִּית

תּוֹרָה

שׁוֹפָר

פֶּסַח

אֲרוֹן הַקֹּדֶשׁ

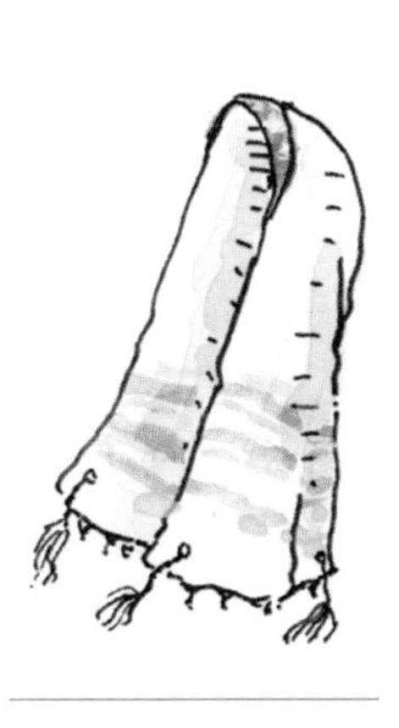

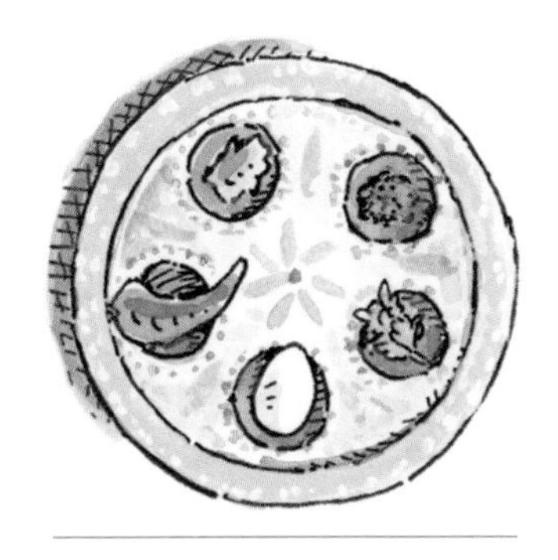

Read the Hebrew word in each box.

דֶּלֶת 4	עֶבֶד 3	בֶּאֱמֶת 2	אֱלֹהִים 1
טֶרֶם 8	חֶסֶד 7	מְצַוֶּה 6	הֶבֶל 5
לֶחֶם 12	תֹּכֶן 11	כֶּתֶר 10	יִהְיֶה 9
עֶרֶב 16	סֶלַע 15	נֶאֱמָן 14	עֹמֶר 13
קֶרֶן 20	צֶדֶק 19	נֶפֶשׁ 18	פֶּסַח 17
תֶּבֶן 24	כֹּתֶל 23	אֲשֶׁר 22	פֶּרֶק 21

A FAMILIAR TERM

Do you recognize the term קֶרֶן עַמִּי? It means "fund of my people."

We often use this term when talking about the money we donate toward צְדָקָה.

LESSON 

עֵץ חַיִּים

TREE OF LIFE

LETTERS YOU KNOW

בּ ת תּ שׁ מ ל כּ ה ר כ ב
ד א ו ק צ ע נ ן ח י ם
ט פּ ס פ

NEW LETTER

VOWELS YOU KNOW

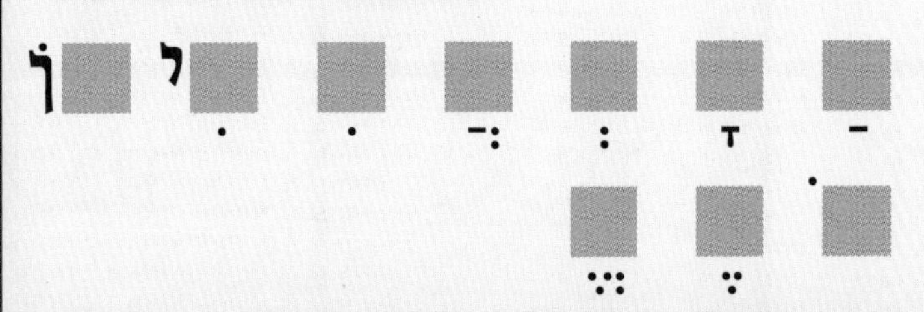

NEW VOWELS

1 שֵׁ פֵּי מֵי לֵי דֵ נֵי

2 פֵּי סֵ טֵי יֵי עֵי כֵּ

3 סֵפֶ כֹּהֵ אוֹמֵ הֵיטֵ דְרֵי שְׁרֵי

עֵץ חַיִּים

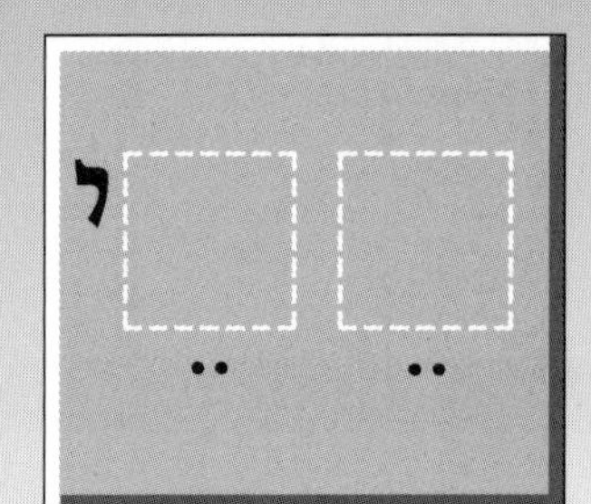

NOW READ & READ AGAIN

1 בֵּן שֵׁם יֵשׁ אֵלִי כֵּן אֵם

2 אֵין בֵּית נֵס בֵּין לֵב נֵר

3 חֵטְא אָמֵן סֵדֶר כָּשֵׁר סֵפֶר שְׁתֵּי

4 חָבֵר אוֹמֵר כֹּהֵן הַלֵּל דִּבֵּר עֵדֶן

5 לִבְנֵי תּוֹקֵעַ הֵיטֵב סוֹפֵר רוֹפֵא יוֹצֵר

6 אֱלֹהֵי פִּרְקֵי נִדְרֵי אַחֲרֵי חַסְדֵי תִּשְׁרֵי

7 אָמֵן לֵישֵׁב בְּצֵאת אוֹהֵב מְקַדֵּשׁ מַלְאֲכֵי

8 בְּרֵאשִׁית סֵפֶר תּוֹרָה נֵר תָּמִיד שָׁלוֹם עֲלֵיכֶם

HERITAGE WORDS

Can you find these Hebrew words above? Read and circle them.

seder סֵדֶר

Torah scroll, Five Books of Moses סֵפֶר תּוֹרָה

Amen אָמֵן

eternal light נֵר תָּמִיד

CHALLENGE

Can you find the Hebrew word we say at the end of a prayer or blessing?

Which line is it on? ___________

Hint: It means "so be it." When you say this, you are saying you agree with the prayer or blessing.

RHYME TIME

Read aloud the Hebrew words on each line. Circle the two rhyming words.

Now read the rhyming words aloud.

1	בֵּן	נֵר	תֵּל	כֵּן
2	אָמַר	אָמֵן	שָׁמֵן	עֹמֶר
3	קוֹרֵא	תוֹקֵעַ	שׁוֹמֵר	שׁוֹמֵעַ
4	מִנְיָן	מִקְוָה	בִּנְיָן	בָּנִים
5	טַהֵר	טוֹבָה	מַהֵר	מִצְוָה
6	תִּפְאֶרֶת	שַׁחֲרִית	אוֹמְרוֹת	סוֹפֶרֶת
7	צְדָקָה	רַחֲמִים	רַחֲמָן	צַדִּיקִים
8	מַלְאֲכֵי	פְּעָמִים	פַּעֲמוֹן	פִּרְקֵי

1 עֵץ קֵץ חֵץ רָץ אָץ נֵץ

2 עֵץ עֵצִים רָץ רָצָה לֵץ לֵיצָן

3 צֵץ צַע רֶץ פִּיץ רֶן צָה

BE ALERT!

There are five letters in the Hebrew alphabet that have a different form when they come at the end of a word.

When צ comes at the end of a word, it is a final ץ.

What is the name of the letter? What sound does it make? How are the two letters different?

CHALLENGE

Can you name two other Hebrew letters that have a final form?

NOW READ & READ AGAIN

1 אֶרֶץ חָמֵץ מַצָּה חָפֵץ קַיִץ אֹמֶץ

2 קוֹץ קוֹצִים בּוֹץ פָּרַץ קוֹפֵץ קוֹפֶצֶת

3 נוֹצֵץ לוֹחֵץ צַנְחָן עָצִיץ מִיץ נִמְצַץ

4 אִמֵּץ אֶמְצַע מֶרֶץ אָמִיץ הֵצִיץ צִיֵּן

5 לִקְפֹּץ קְפִיצָה קָמַץ חוֹלֵץ חוֹלֵם הֵפִיץ

6 רוֹחֵץ רָחֲצָה יוֹעֵץ צִפֹּרֶן וֶאֱמַץ פֶּרֶץ

7 לְשַׁבֵּץ נִצְטַוָּה מֵלִיץ צְבָעִים צָפוֹן חָמִיץ

8 עֵץ חַיִּים הַמּוֹצִיא לֶחֶם מִן הָאָרֶץ

HERITAGE WORDS

Can you find these Hebrew words above? Read and circle them.

tree of life עֵץ חַיִּים leavened food חָמֵץ

CHALLENGE

Can you find the Hebrew word for the special food we eat during פֶּסַח?

Write it here. ____________________

Can you find the Hebrew word for the food we do not eat on פֶּסַח?

WRITING PRACTICE

Write the Letter

ץ

Write the Words

Write the Hebrew words for *tree of life.*

עֵץ חַיִּים

Write the Hebrew word for *leavened food.*

חָמֵץ

Write the Hebrew words for *Torah scroll.*

סֵפֶר תּוֹרָה

Write the Hebrew words for *Eternal Light.*

נֵר תָּמִיד

Write the Hebrew word for *seder.*

סֵדֶר

Write the Hebrew word for *amen.*

אָמֵן

BE ALERT!

The letters צ and ץ make the same sound. How are they different? Complete each word by adding the correct form of the *tsadee*. How many words can you read?

1 עֵ___	5 מַ___ָה	9 מִ___ְוָה
2 הָאָרֶ___	6 חָמֵ___	10 ___ְדָקָה
3 ___ְבָעִים	7 ___ִוָּה	11 קוּפֵּ___
4 הַמוֹ___ִיא	8 קָמַ___	12 ___ַדִּיק

Do you know the meaning of some of the words? How many? ___________

THE LIVING TRADITION עֵץ חַיִּים

A tree of life—עֵץ חַיִּים—is one of the symbols of the תּוֹרָה. In fact, the two wooden rollers around which the תּוֹרָה scroll is wrapped are called עֲצֵי חַיִּים—trees of life. The תּוֹרָה is like a tree because just as a tree is strong and offers food, so too the Torah gives the Jewish people strength and nourishes our souls.

CONNECTIONS

Connect the beginning of a phrase with its ending. Read the complete phrases with a partner.

1	הַמּוֹצִיא	נִשְׁתַּנָּה
2	מַה	תּוֹרָה
3	עֵץ	מִצְרַיִם
4	סֵפֶר	לֶחֶם
5	יְצִיאַת	חַיִּים

6	יוֹם	עֲלֵיכֶם
7	אֲרוֹן	טוֹבָה
8	נֵר	הַקֹּדֶשׁ
9	שָׁנָה	תָּמִיד
10	שָׁלוֹם	טוֹב

AN *ALEF BET* CHART

You have learned five new letters in Lessons 15-19:

ט פּ ס פ ץ.

Turn to the *Alef Bet* Chart on page 160. Color in the new letters.

How many letters do you know?

Can you say the name and sound of each letter?

LESSON 20

יִשְׂרָאֵל

ISRAEL

LETTERS YOU KNOW

בּ ת תּ שׁ מ ל כּ ה ר כ ב
ד א ו ק צ ע נ ן ח י ם
ט פּ ס פ ץ

VOWELS YOU KNOW

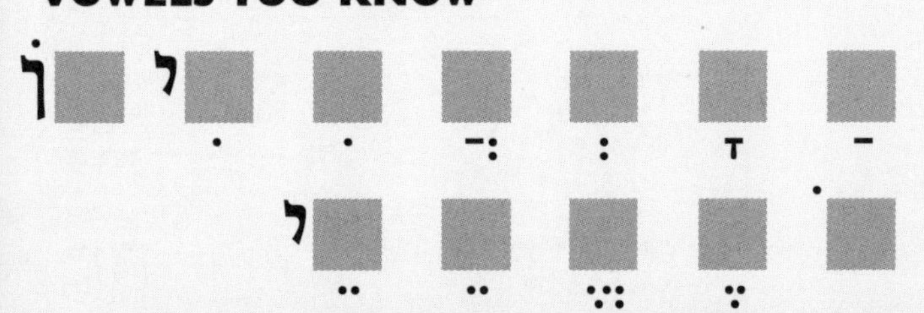

NEW LETTER

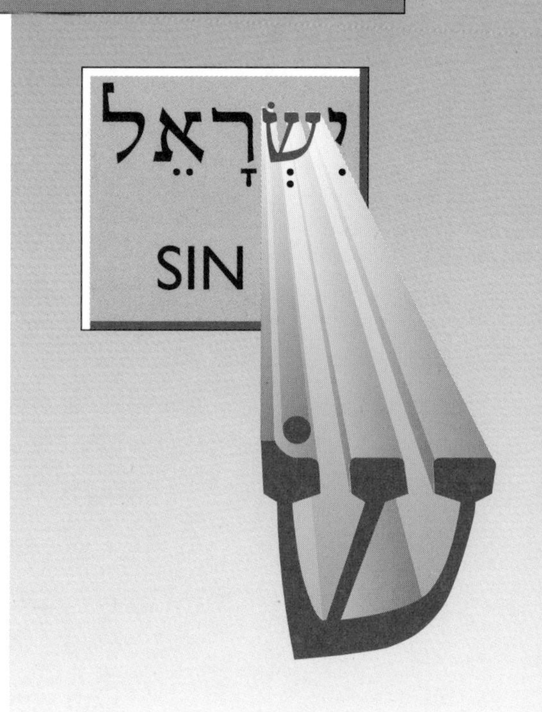

1 שָׂ שִׂי שֵׂי שׂוֹ שֶׂ שֵׂ

2 שֵׂ שֵׂ שִׂי שִׂי שׂוֹ שׂוֹ

3 מַשָׂ שָׂשׂוֹ שֶׂבַ שָׂפָ יִשָׂ עֶשְׂ

BE ALERT!

The letters שׂ and שׁ make different sounds.
What sound does שׂ make? What sound does שׁ make?
How do they look different?

1 שֶׂה שִׂים שַׂר שָׂם שַׂק שִׂיא

2 שָׂדָה שָׂנֵא שָׂמַח עֶשֶׂר עֹשֶׂה מַשָׂא

3 שָׂרָה שָׂרָה שָׂמָה שַׂעַר שָׂשׂוֹן

4 שֵׂעָר שָׂכָר שָׂפָה יִשָׂא בָּשָׂר שֵׂכֶל

5 שָׂדֶה פָּשַׂט שֶׂבַע עֶשֶׂר עָשָׂה תַּיִשׂ

6 שִׂמְחַת תּוֹרָה שְׁמוֹנֶה עֶשְׂרֵה עֲשֶׂרֶת הַדִּבְּרוֹת

7 שְׁמַע יִשְׂרָאֵל שִׂים שָׁלוֹם עוֹשֶׂה שָׁלוֹם

8 עַם יִשְׂרָאֵל בְּנֵי יִשְׂרָאֵל אֶרֶץ יִשְׂרָאֵל

HERITAGE WORDS

Can you find these Hebrew words above? Read and circle them.

Ten Commandments עֲשֶׂרֶת הַדִּבְּרוֹת **Israel** יִשְׂרָאֵל

Rejoicing of the Torah שִׂמְחַת תּוֹרָה

WORD RIDDLE

I am a holiday we celebrate each year when we finish reading the entire תּוֹרָה.
We then begin reading the תּוֹרָה from the very first word all over again.

My name begins with a שׂ. What holiday am I?

PRAYER BUILDING BLOCKS

Practice reading these siddur phrases.

Put a check next to the phrases that you read correctly.

1 ___ שְׁמַע יִשְׂרָאֵל

2 ___ שִׂים שָׁלוֹם טוֹבָה...בְּרָכָה

3 ___ עוֹשֶׂה שָׁלוֹם...יַעֲשֶׂה שָׁלוֹם

4 ___ בּוֹרֵא מִינֵי בְשָׂמִים

5 ___ בְּלִי רֵאשִׁית בְּלִי תַכְלִית

6 ___ וְאֵין שֵׁנִי לְהַמְשִׁיל לוֹ

7 ___ לֹא תִשָּׂא אֶת שֵׁם (אֱלֹהִים)...לַשָּׁוְא

8 ___ וַיִּשְׁבֹּת בַּיּוֹם הַשְּׁבִיעִי...מְלַאכְתּוֹ אֲשֶׁר עָשָׂה

9 ___ לִשְׁמֹעַ לִלְמֹד...לְלַמֵּד לִשְׁמֹר וְלַעֲשׂוֹת

10 ___ בַּיּוֹם הַשְּׁבִיעִי שָׁבַת וַיִּנָּפַשׁ

CHALLENGE

Can you find the name of one of our most important prayers?

Write the line number. ___________

WRITING PRACTICE

Write the Letter

שׂ

Write the Words

Write the Hebrew word for *Israel*.

יִשְׂרָאֵל

Write the Hebrew words for *Rejoicing of the Torah*.

שִׂמְחַת תּוֹרָה

SOUNDS LIKE

Read each line aloud.

Circle the Hebrew sounds on each line that are the same.

Write the sounds you circled.

1	עֶד	אֵם	אֶד	צַד
2	כֹּס	שָׂם	בֹּס	סַם
3	לֹא	עוֹל	לוֹ	צֹל
4	יָכוֹל	קוֹל	כֹּל	כְּכֹל
5	תֵּוָת	טֵבֵת	בֵּיתָה	תֵּוֵט
6	עוֹשֶׂה	עֹשֶׂר	אֹסֶה	אֲשֶׁר
7	כּוֹפֵר	קֹפֵר	בּוֹקֶר	בּוֹכֶה
8	עֲשָׂרוֹת	עָשִׂיתִי	עֲרָסוֹת	אָסִיתִי

BE ALERT!

The letters שׂ and ס make the same sound.

What sound do they make?

THE LIVING TRADITION יִשְׂרָאֵל

Jewish people have lived in יִשְׂרָאֵל for more than 3,000 years. It is the country where our ancestors Abraham and Sarah lived. It is the country where King David ruled. יִשְׂרָאֵל is the country where the modern state of Israel, our homeland, was reborn. יִשְׂרָאֵל has a special place in the hearts of Jews around the world.

THINK ABOUT IT

Have you or anyone you know visited יִשְׂרָאֵל?

Which cities and places did they visit?

TOURING יִשְׂרָאֵל

Below are the names of eight places in יִשְׂרָאֵל.

Read the Hebrew name of each place aloud.

Then look at the map of יִשְׂרָאֵל.

These eight places are labeled on the map with their English names. Write the matching number next to each English name.

1 צְפַת

2 תֵּל-אָבִיב

3 אֵילַת

4 הֶרְצְלִיָּה

5 מְצָדָה

6 חֵיפָה

7 יְרוּשָׁלַיִם

8 בְּאֵר שֶׁבַע

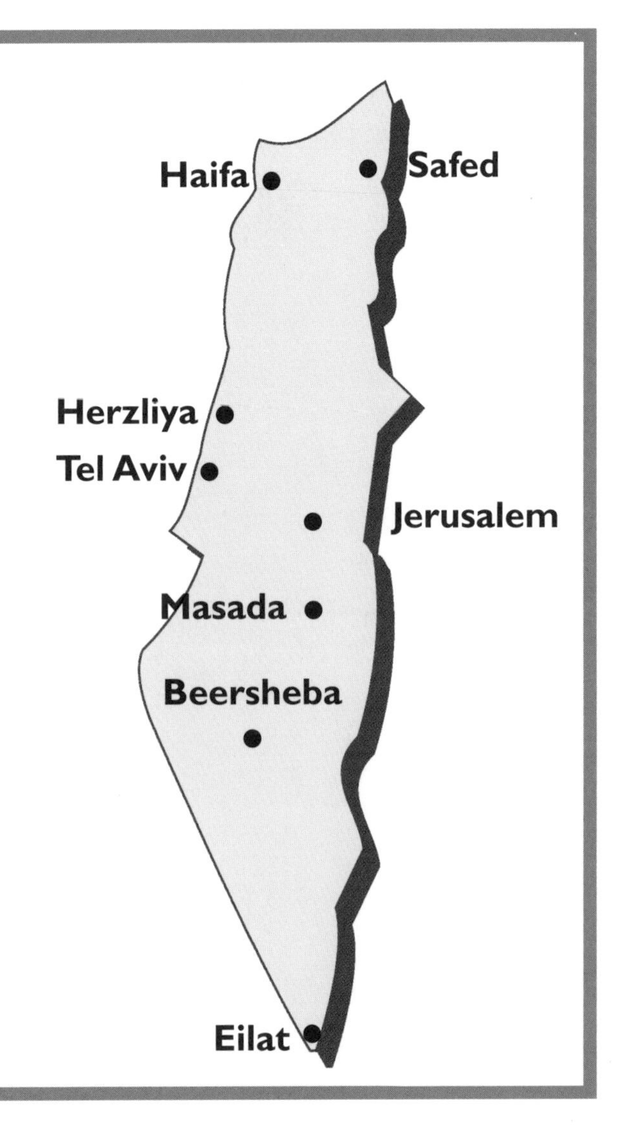

LESSON 21

חַג שָׂמֵחַ

HAPPY HOLIDAY

LETTERS YOU KNOW

בּ ת תּ שׁ מ ל כּ ה ר כ ב

ד א ו ק צ ע נ ן ח י ם

ט פּ ס פ ץ שׂ

VOWELS YOU KNOW

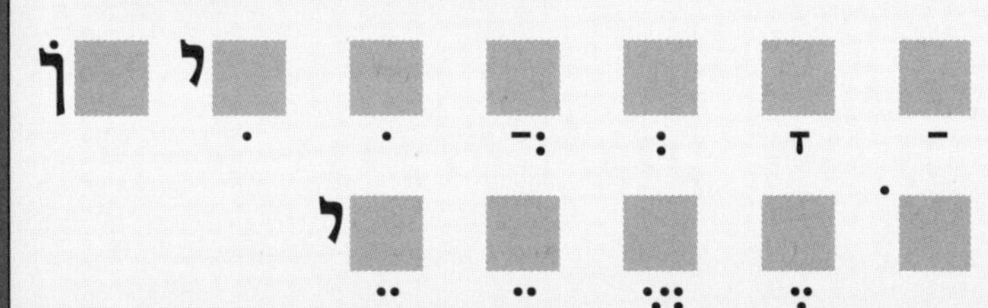

NEW LETTER

ג

חַג שָׂמֵחַ

GIMMEL

1. גַ גוֹ גִי גֶ גַ גֵי
2. גַג גַלוֹ גַבֵּי גַנֵי גִיס גִיר
3. גֶד גִבּוֹ גָאַ הָג גִטִי גוֹלָ

NOW READ & READ AGAIN

1 חַג גַן גְדִי גֵר דָג גַם

2 גֹלֶם גֹדֶל מָגֵן עֹנֶג גֶפֶּן גִיל

3 גִבּוֹר גוֹלֵל גוֹמֵל גָאַל גֶשֶׁם דֶגֶל

4 גוֹלָה מְגִלָה הִשִׂיג מִנְהָג גָדוֹל גִטִים

5 אַגָדָה אֶתְרֹג רֶגֶל הִגְדִיל חַגִים גְדוֹלָה

6 גְמָרָא נָגִילָה הִגִיעַ חֲגִיגָה שִׁגָעוֹן פִּתְגָם

7 מָגֵן אַבְרָהָם מְגִלָה עֹנֶג שַׁבָּת יִתְגַדַל

8 הַגָדָה חַד גַדְיָא מָגֵן דָוִד מָגֵן אָבוֹת

HERITAGE WORDS

Can you find these Hebrew words above? Read and circle them.

scroll מְגִלָה *haggadah* הַגָדָה

Shield of David, Jewish star מָגֵן דָוִד

CHALLENGE

The Jewish star is known as the *Magen David*—the Shield of David. This symbol is found on the flag of Israel. Can you find the Hebrew words for *Magen David*? Which line are they on? __________

SEARCH AND CIRCLE

Say the name and sound of the Hebrew letters on each line.

Circle the Hebrew letter that sounds the same as the English in the box.

1	B	כּ	פּ	ב	כ	בּ	ג
2	T	ל	ט	ח	מ	ס	ץ
3	M	ם	ח	ס	ת	כ	ט
4	N	ו	כ	ד	ן	ע	ר
5	S	ת	מ	שׁ	ט	שׁ	ה
6	V	ן	י	ג	פ	נ	ו
7	Y	ע	ו	י	ץ	א	ן
8	G	נ	ר	ל	ג	ו	ס
9	TS	ן	ע	ק	א	שׁ	ץ
10	P	בּ	פ	כּ	ב	פּ	ת

BE ALERT!

When חַ comes at the end of a word, the vowel is read first and then the letter.
It sounds like אַח. (שָׂמֵחַ = שָׂמֵאַח)

1 כֹּחַ מֹחַ רֵיחַ נֹחַ שִׂיחַ אֹחַ

2 יָרֵחַ בַּכֹּחַ הַמֹּחַ לְנֹחַ כְּשִׂיחַ טִיחַ

3 רֵחַ מִיחַ שִׂיחַ גִיחַ רֹחַ נוֹחַ

חַג שָׂמֵחַ

NOW READ & READ AGAIN

1 שָׂמֵחַ יָרֵחַ אוֹרֵחַ נָשִׂיחַ מֵנִיחַ בַּכֹּחַ

2 מָשִׁיחַ פּוֹקֵחַ סוֹלֵחַ פּוֹתֵחַ פָּתַח לִפְתֹּחַ

3 לְשַׁבֵּחַ מְנַצֵּחַ שׁוֹלֵחַ מָנוֹחַ שָׁלִיחַ מַפְתֵּחַ

4 מַצְמִיחַ מִשְׁלוֹחַ הִצְלִיחַ לוֹקֵחַ לְשַׂמֵּחַ פּוֹרֵחַ

5 מַשְׁגִּיחַ הַשְׁגָּחָה אָשִׂיחַ שִׂיחָה מְשַׂמֵּחַ שָׂמַח

6 הִבְטִיחַ בָּטַח טוֹרֵחַ טָרַח פִּקֵּחַ נִפְקַח

7 בּוֹרֵחַ לִבְרֹחַ בָּרַח לִסְלֹחַ סָלַח סְלִיחָה

8 מָשִׁיחַ חַג שָׂמֵחַ פֶּסַח הַגָּדָה מְגִלָּה

HERITAGE WORDS

Can you find these Hebrew words above? Read and circle them.

Messiah מָשִׁיחַ   happy holiday חַג שָׂמֵחַ

CHALLENGE

How many times did you read the word for *Messiah*? ___________

PRAYER BUILDING BLOCKS

Practice reading these siddur phrases.

Put a check next to the phrases that you read correctly.

1 ___ לְשַׁבֵּחַ לַאֲדוֹן הַכֹּל

2 ___ הָאֵל הַגָּדוֹל הַגִּבּוֹר וְהַנּוֹרָא

3 ___ לְעֵת תָּכִין מַטְבֵּחַ

4 ___ לְהוֹדוֹת לְהַלֵּל לְשַׁבֵּחַ

5 ___ שְׂמֵחִים בְּצֵאתָם וְשָׂשִׂים בְּבֹאָם

6 ___ מְשַׂמֵּחַ צִיּוֹן בְּבָנֶיהָ

PRAYER TIME

Practice reading these endings to familiar בְּרָכוֹת.

Do you know when we recite each one?

1 בּוֹרֵא פְּרִי הַגָּפֶן

2 בּוֹרֵא פְּרִי הָעֵץ

3 בּוֹרֵא פְּרִי הָאֲדָמָה

4 בּוֹרֵא מְאוֹרֵי הָאֵשׁ

5 בּוֹרֵא מִינֵי בְשָׂמִים

THE ADDED DOT

Add a dot to one member of each set of family letters.

Write the sound of each letter on the line below the letter.

בּ ב   כ כ   פ פ   ת ת

B __   __ __   __ __   __ __

Which letter did not change its sound when you added a dot? ________

RHYME TIME

Read aloud the Hebrew in each column.

Connect the rhyming words.

Read the rhyming sets aloud.

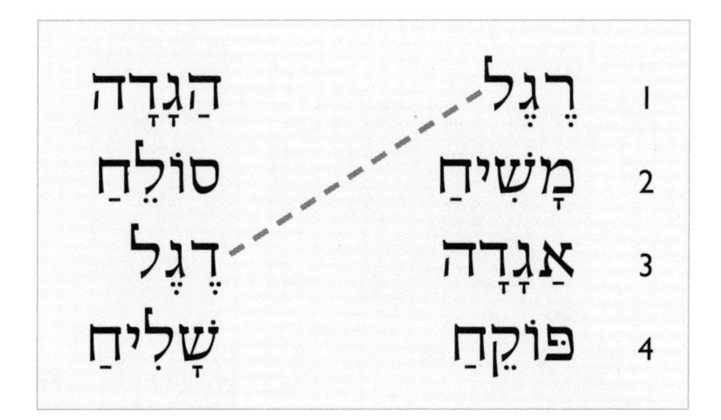

5	כֹּחַ	גּוֹמֵל
6	יָרֵחַ	טָהוֹר
7	גּוֹלֵל	שָׂמֵחַ
8	גִּבּוֹר	מֹחַ

WRITING PRACTICE

Write the Letter

ג

Write the Words

Write the Hebrew words for *happy holiday.*

חַג שָׂמֵחַ

Write the Hebrew word for *haggadah.*

הַגָּדָה

Write the Hebrew word for *scroll.*

מְגִלָּה

Write the Hebrew words for *Shield of David.*

מָגֵן דָּוִד

Write the Hebrew word for *Messiah.*

מָשִׁיחַ

THE LIVING TRADITION חַג שָׂמֵחַ

The word חַג means "holiday" or "festival." The word שָׂמֵחַ means "happy" or "joyous." When we say חַג שָׂמֵחַ, we wish someone a *happy holiday*.

WORD WIZARD

Discover a hidden word.

Cross out the Hebrew letters and their vowels that match the English sounds.

Write the remaining Hebrew letters and their vowels to discover a hidden word.

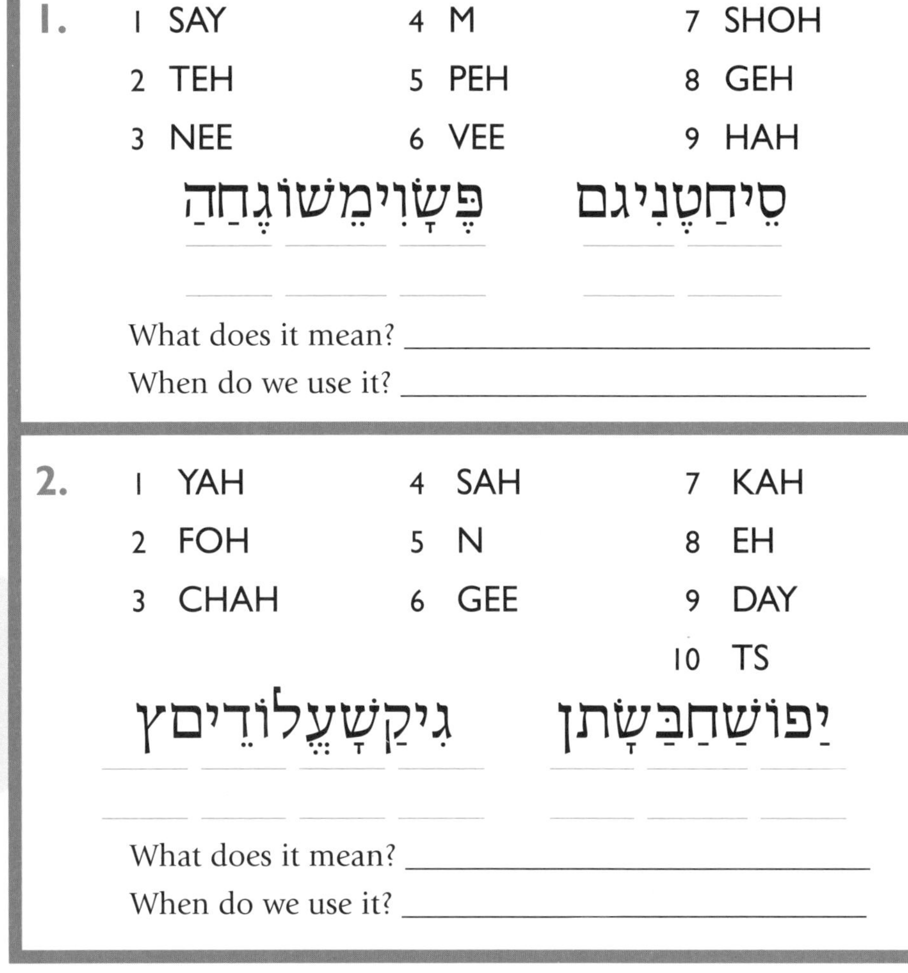

1.

1 SAY	4 M	7 SHOH
2 TEH	5 PEH	8 GEH
3 NEE	6 VEE	9 HAH

סֵיחַטֶנִיגם   פֶּשָׁוִימֵשׁוֹגֶחַהַ

What does it mean? ______________________

When do we use it? ______________________

2.

1 YAH	4 SAH	7 KAH
2 FOH	5 N	8 EH
3 CHAH	6 GEE	9 DAY
		10 TS

יַפוֹשַׁחַבַּשָׁתן   גִיקַשָׁעֱלוֹדֵיסץ

What does it mean? ______________________

When do we use it? ______________________

CHECKPOINT

Read the Hebrew word in each box.

מָגֵן 4	חָבֵר 3	בֵּית-כְּנֶסֶת 2	אֵין 1
חֵטְא 8	וֵאלֹהֵי 7	כֹּהֵן 6	קַדֵּשׁ 5
מַלְאֲכֵי 12	כֵּן 11	יֵצֶר 10	טֵבֵת 9
סֵפֶר 16	נֵרוֹת 15	מֵבִין 14	הַלֵּל 13
יוֹצֵר 20	סוֹפֵר 19	פֵּרוֹת 18	עֵדֶן 17
שֵׂכֶל 24	שֵׁם 23	בּוֹרֵא 22	פִּרְקֵי 21
			תֵּשַׁע 25

LESSON

קִדּוּשׁ

KIDDUSH

LETTERS YOU KNOW

בּ ת תּ שׁ מ ל כּ ה ר כ ב

ד א ו ק צ ע נ ן ח י ם

ט פּ ס פ ץ שׂ ג

VOWELS YOU KNOW

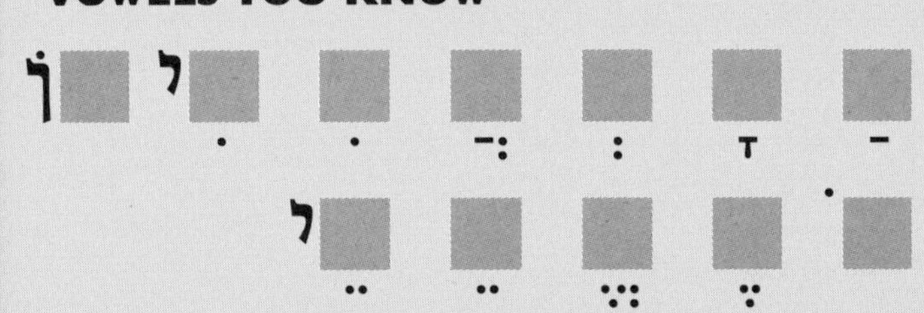

NEW VOWELS

1 סוּ שׂוּ טוּ נוּ מוּ צוּ

2 בֻּ גֻ שֻׁ רֻ קֻ תֻּ

3 הוּא לָנוּ אָנוּ בָּנוּ צוּד כֻּלוֹ

קִדּוּשׁ

NOW READ & READ AGAIN

1 חֻמָשׁ לוּחַ כֻּלָם וְהָיוּ סֻכָּה טֹבוּ

2 עָלֵינוּ לִבֵּנוּ סֻכּוֹת שָׁבוּעַ חֲנֻכָּה קִבּוּץ

3 קִדּוּשׁ שֻׁלְחָן מְשֻׁבָּח סִדּוּר מְצֻיָּן כֻּלָנוּ

4 הַלְלוּיָה גְּדֻלָּה פָּסוּק יְשׁוּעָה נְטוּיָה אֲנַחְנוּ

5 וּבְנֻחֹה לוּלָב וְיָפֻצוּ וַיְכֻלוּ וְיָנֻסוּ דַיֵּנוּ

6 תְּמוּנָה וְצִוָּנוּ אֵלִיָּהוּ הַנָּבִיא בָּרְכוּ קֻשְׁיוֹת

7 קֻדְשָׁה יְהוּדִים פּוּרִים יוֹם כִּפּוּר שָׁבוּעוֹת

8 יְרוּשָׁלַיִם אֱלֹהֵינוּ שֶׁהֶחֱיָנוּ אָבִינוּ מַלְכֵּנוּ

HERITAGE WORDS

Can you find these Hebrew words above? Read and circle them.

The Five Books of Moses חֻמָשׁ

Jerusalem יְרוּשָׁלַיִם

Elijah the prophet אֵלִיָּהוּ הַנָּבִיא

Kiddush קִדּוּשׁ

prayerbook סִדּוּר

Jews יְהוּדִים

CHALLENGE:

Can you find the Hebrew word for *prayerbook* in the lines above?

Write the word. ______________

SEARCH AND CIRCLE

Read aloud the Hebrew sounds on each line.

Circle the Hebrew that sounds the same as the English in the box.

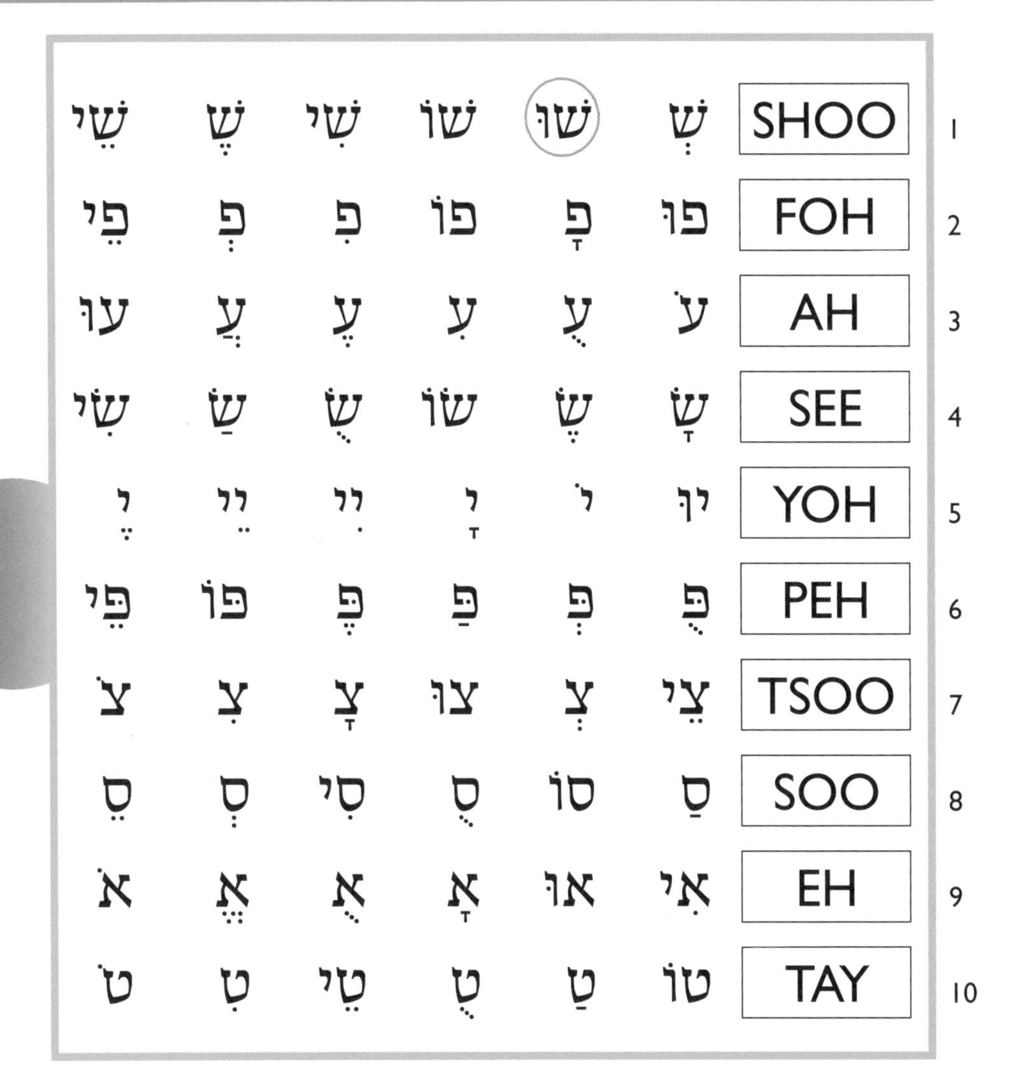

1	SHOO	שְׁ	(שׁוּ)	שׁוֹ	שִׁי	שֶׁ	שֵׁי
2	FOH	פוֹ	פָ	פִ	פוֹ	פְ	פֵי
3	AH	עֹ	עֶ	עְ	עֶ	עֱ	עוּ
4	SEE	שָׁ	שֶׁ	שׁוֹ	שֶׁ	שַׁ	שִׁי
5	YOH	יוֹ	יֹ	יָ	יִי	יֵי	יֶ
6	PEH	פֶּ	פְּ	פַּ	פֶּ	פּוֹ	פֵּי
7	TSOO	צֵי	צְ	צוֹ	צָ	צִ	צֹ
8	SOO	סַ	סוֹ	סֶ	סִי	סִ	סֵ
9	EH	אִי	אוּ	אָ	אֶ	אֱ	אֹ
10	TAY	טוֹ	טַ	טֶ	טֵי	טִ	טֹ

POWER READING

Practice reading these prayer phrases from the קִדּוּשׁ.

Put a check next to the phrases that you read correctly.

1. אֲשֶׁר קִדְּשָׁנוּ בְּמִצְווֹתָיו וְרָצָה בָנוּ ____
2. וְשַׁבַּת...בְּאַהֲבָה וּבְרָצוֹן הִנְחִילָנוּ ____
3. כִּי הוּא יוֹם תְּחִלָּה לְמִקְרָאֵי קֹדֶשׁ ____
4. כִּי בָנוּ בָחַרְתָּ וְאוֹתָנוּ קִדַּשְׁתָּ ____
5. בְּאַהֲבָה וּבְרָצוֹן הִנְחַלְתָּנוּ ____
6. מְקַדֵּשׁ הַשַּׁבָּת ____

PRAYER BUILDING BLOCKS

Practice reading these siddur words.
How many can you read correctly?
Practice reading them with a partner.
Put a check next to the words that you read correctly.

BE ALERT!

These words all end in נוּ. נוּ is a suffix that means "us" or "our." The word אֲנַחְנוּ means "we."

___ 1 וְצִוָּנוּ	___ 2 קִדְּשָׁנוּ	___ 3 שַׂבְּעֵנוּ	___ 4 וְשַׂמְּחֵנוּ
___ 5 עָלֵינוּ	___ 6 שֶׁהֶחֱיָנוּ	___ 7 וְקִיְּמָנוּ	___ 8 וְהִגִּיעָנוּ
___ 9 אֱלֹהֵינוּ	___ 10 אֲבוֹתֵינוּ	___ 11 אָבִינוּ	___ 12 מַלְכֵּנוּ
___ 13 גּוֹאֲלֵנוּ	___ 14 הָיִינוּ	___ 15 יִשְׁעֵנוּ	___ 16 עֵינֵינוּ

CHALLENGE

Why do you think so many words in our prayers end with the suffix נוּ? ______________

____

WRITING PRACTICE

Write the Words

Write the Hebrew word for *The Five Books of Moses.*

חֻמָּשׁ

Write the Hebrew word for *Jews.*

יְהוּדִים

Write the Hebrew word for *Jerusalem.*

יְרוּשָׁלַיִם

Write the Hebrew word for *prayerbook.*

סִדּוּר

Write the Hebrew word for *Kiddush.*

קִדּוּשׁ

Write the Hebrew words for *Elijah the prophet.*

אֵלִיָּהוּ הַנָּבִיא

THE LIVING TRADITION קִדּוּשׁ

On Friday evening, after we light שַׁבָּת candles, we sing the קִדּוּשׁ over wine. The word קִדּוּשׁ means "making holy." When we sing the קִדּוּשׁ we thank God for making שַׁבָּת a holy day.

HOLIDAY BUILDING BLOCKS

Read the name of each holiday.

יוֹם כִּפּוּר	פּוּרִים	סֻכּוֹת
שָׁבוּעוֹת	חֲנֻכָּה	

HOLIDAY QUIZ

Write the Hebrew name of the holiday to answer the question: What holiday am I?

1 We read the מְגִלָּה. What holiday am I? ____________

2 We shake the lulav and eat in a small booth. What holiday am I? ____________

3 We celebrate the Giving of the Torah. What holiday am I? ____________

4 We light the *ḥanukkiah*. What holiday am I? ____________

5 We do not eat all day. What holiday am I? ____________

LESSON 23

מְזוּזָה

mezuzah

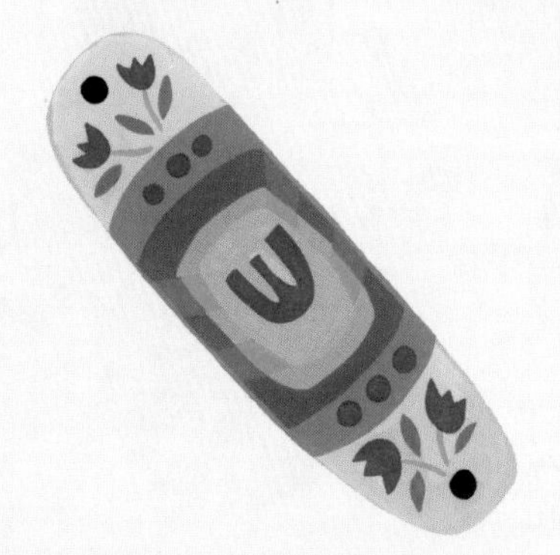

LETTERS YOU KNOW

בּ ת תּ שׁ מ ל כּ ה ר כ ב

ד א ו ק צ ע נ ן ח י ם

ט פּ ס פ ץ שׂ ג

VOWELS YOU KNOW

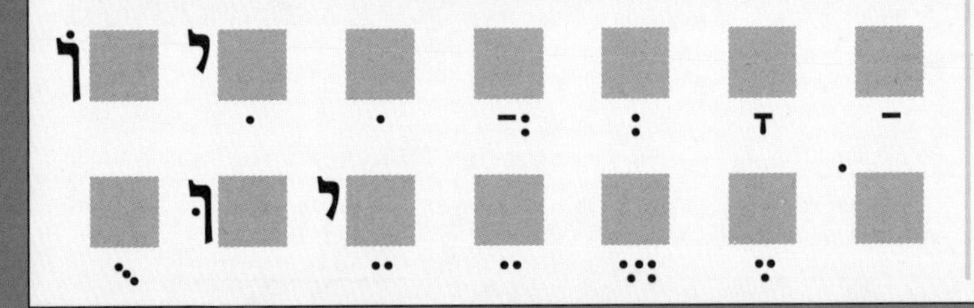

NEW LETTER

ז

מְזוּזָה

ZAYIN

1 זֻ זוּ זוֹ זִ זְ זֵי

2 זֶ שֶׁ זַ סַ זְ צִ

3 חַז זָוִי זַרְ יִזְ זֶן זוֹר

BE ALERT!

The Hebrew letters ז, ס, צ, and שׂ make similar sounds.

What sound does each letter make?

Read each word carefully.

זְמַן חֶסֶד מִצְוָה שִׂמְחָה

NOW READ & READ AGAIN

1 זֶה אָז עֹז פָּז בּוּז זָר

2 זָכֹר זְמַן אֹזֶן חָזָק חַזָּן אָחַז

3 הַזָּן זֶבַח זֹאת מַזָּל זָקֵן זָהָב

4 יִזְכֹּר מָעוֹז זֵכֶר אֵיזֶה עֵזֶנוּ וְזַרְעוֹ

5 זִכָּרוֹן מִזְבֵּחַ מַחֲזוֹר מִזְמוֹר נֶעֱזָב זָוִית

6 זְכוּת מִזְרָח זְרוֹעַ מָזוֹן זַרְעָם עִזִּים

7 זַיִת הֶחֱזִיר זָקוּק הִזְנִיחַ חֲזַק וֶאֱמַץ

8 מְזוּזָה יוֹם הַזִּכָּרוֹן מַחֲזוֹר מַזָּל טוֹב

HERITAGE WORDS

Can you find these Hebrew words above? Read and circle them.

congratulations מַזָּל טוֹב *mezuzah* מְזוּזָה

maḥzor מַחֲזוֹר

CHALLENGE

How many times did you read the word for *maḥzor*? __________

Write the word. ____________________

PRAYER BUILDING BLOCKS

Practice reading these siddur phrases.

Put a check next to the phrases that you read correctly.

1. ____  הַזָּן אֶת הַכֹּל
2. ____ זִכָּרוֹן לְמַעֲשֵׂה בְרֵאשִׁית
3. ____ זֵכֶר לִיצִיאַת מִצְרָיִם
4. ____ עֵץ חַיִּים הִיא לַמַּחֲזִיקִים בָּהּ
5. ____ וְלוֹ הָעֹז וְהַמִּשְׂרָה
6. ____ אָז אֶגְמוֹר בְּשִׁיר מִזְמוֹר
7. ____ וּכְתַבְתָּם עַל מְזֻזוֹת
8. ____ עוֹזֵר וּמוֹשִׁיעַ וּמָגֵן
9. ____ בַּיָּמִים הָהֵם בַּזְּמַן הַזֶּה
10. ____ שֶׁהֶחֱיָנוּ וְקִיְּמָנוּ וְהִגִּיעָנוּ לַזְּמַן הַזֶּה

SEARCH AND CIRCLE

Read aloud the Hebrew words on each line.

Circle the letter in each word that sounds like the English in the box.

1	S	פּוֹרֵשׂ	יִשְׂרָאֵל	שֵׂכֶל	שִׂמְחָה
2	Z	יִזְכֹּר	מַזָּל	זוֹרֵחַ	גְּזֵרָה
3	ACH	מָשִׁיחַ	הִצְלִיחַ	לַמְנַצֵּחַ	מִזְבֵּחַ
4	G	גְּמָרָא	הַגָּדָה	מְגִלָּה	גֶּשֶׁם
5	TS	אֶרֶץ	חָמֵץ	וֶאֱמַץ	קִבּוּץ
6	V	זִיו	זִוּוּג	וְזֹאת	וְזַרְעוֹ

NAME TAG

Read aloud the name of the Hebrew letter in each box.

Circle the Hebrew letter named in the box. What sound does the letter make?

Write the letters you circled.

פּ	בּ	ס	פּ	תּ	כּ	PAY	1
	ע	שׂ	צ	שׁ	ל	SIN	2
	ן	ד	נ	ו	ג	GIMMEL	3
	פ	בּ	ת	כ	פּ	FAY	4
	ק	שׁ	ס	צ	ם	SAMECH	5
	ט	ע	ת	ד	מ	TET	6
	נ	ו	ח	י	ר	YUD	7
	כ	ח	ג	ת	ה	ḤET	8
	נ	ו	ד	י	ג	NUN	9
	ס	שׁ	ג	ז	צ	ZAYIN	10

WRITING PRACTICE

Write the Letter

ז ל

Write the Words

Write the Hebrew word for *mezuzah*.

מְזוּזָה

Write the Hebrew words for *congratulations*.

מַזָּל טוֹב

Write the Hebrew word for *maḥzor*.

מַחֲזוֹר

THE LIVING TRADITION מְזוּזָה

The Hebrew word for "doorpost" is מְזוּזָה. The תּוֹרָה teaches that the שְׁמַע and the וְאָהַבְתָּ prayers should be placed "on the doorposts of your house and on your gates." These words are written on a piece of parchment which is placed inside a מְזוּזָה. We attach this מְזוּזָה to the doorposts of our homes.

THINK ABOUT IT

Why does the תּוֹרָה teach us to place the words of the שְׁמַע on the doorposts of our homes?

BE AN ARTIST

Draw a picture to illustrate each Hebrew word or phrase below.

1 סִדּוּר

2 טַלִּית

3 נֵר תָּמִיד

4 עֲשֶׂרֶת הַדִּבְּרוֹת

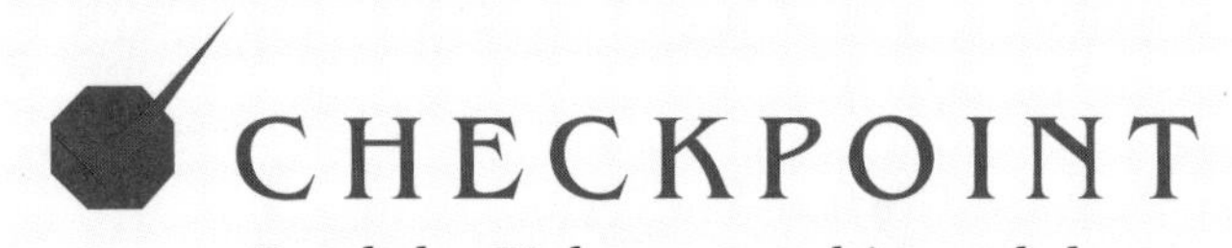

Read the Hebrew word in each box.

סְגֻלָה	שָׁבוּעַ	יִרְבּוּ	גְאוּלָה
4	3	2	1
מְזוּזָה	צִווּ	אֵלִיָהוּ	קִדוּשׁ
8	7	6	5
כֻּלָם	סִיוּם	טוּבוֹ	חֻמָשׁ
12	11	10	9
חֲנֻכָּה	תַּלְמוּד	הַלְלוּיָה	בָּרְכוּ
16	15	14	13
רְפוּאָה	פּוּרִים	עֻצוּ	סֻכּוֹת
20	19	18	17
שׁוּבָה	יְרוּשָׁלַיִם	קוּמוּ	צוּר
24	23	22	21
		מְתֻקָן	שִׂישׂוּ
		26	25

LESSON 24

בָּרוּךְ

PRAISED, BLESSED

LETTERS YOU KNOW

בּ ת תּ שׁ מ ל כּ ה ר כ ב

ד א ו ק צ ע נ ן ח י ם

ט פּ ס פ ץ שׂ ג ז

VOWELS YOU KNOW

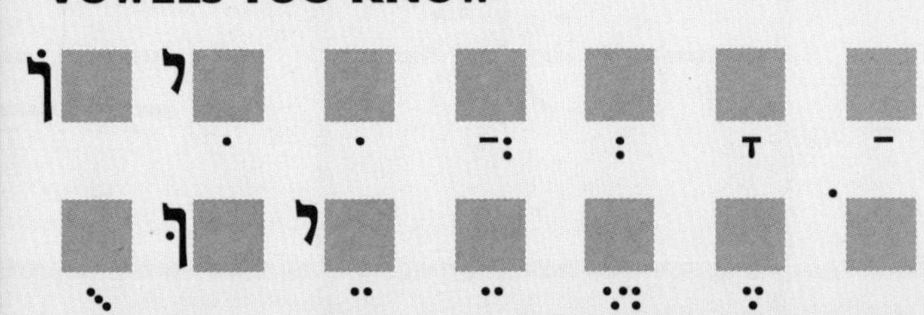

NEW LETTER

בָּרוּךְ

FINAL CHAF

1 רַךְ כַּךְ בָּךְ לֵךְ לָךְ וּלֵךְ

2 אַךְ בֵּךְ שֶׁלָּךְ בְּכָךְ שִׁמֵךְ תֵּיךְ

BE ALERT!

There are five letters in the Hebrew alphabet that have a different form when they come at the end of a word.

When a כ comes at the end of a word, it is a final ך.

BE ALERT!

When ֵיךְ comes at the end of a word, the י is silent.

NOW READ & READ AGAIN

1 בָּרוּךְ אִמֵּךְ שְׁמֵךְ עַמְּךְ דֶּרֶךְ עָלֶיךְ

2 מֶלֶךְ לִבֵּךְ רֵעֵךְ פֶּרֶךְ אֶרֶךְ לִבֵּךְ

3 כָּמוֹךְ צָרִיךְ הוֹלֵךְ אֵלֶיךְ אָבִיךְ עֻזֵּךְ

4 בָּרוּךְ בָּנֶיךְ עִמְּךְ בֵּיתֶךְ אוֹתְךְ כֻּלְּךְ

5 מְבֹרָךְ יִמְלֹךְ לְבָבְךְ יָדֶיךְ מְאֹדֶךְ חֻקֶּיךְ

6 לְפָנֶיךְ עֵינֶיךְ נַפְשְׁךְ מְצַוְּךְ סוֹמֵךְ מַלְאָךְ

7 מִצְווֹתֶיךְ קִדַּשְׁתְּךְ בִּשְׁלוֹמֵךְ אֱלֹהַיִךְ וַיְבָרֵךְ

8 תַּנַּךְ בָּרוּךְ וּבְלֶכְתְּךְ וּבְקוּמֶךְ וּבִשְׁעָרֶיךְ

HERITAGE WORDS

Can you find these Hebrew words above? Read and circle them.

praised, blessed בָּרוּךְ

king, ruler מֶלֶךְ

CHALLENGE

How many times did you read the word for *praised, blessed*? ________

BE ALERT!

Final ך is the only final letter that has a vowel.

Final ך is written ךָ or ךְ.

Read these words.

הַמְבֹרָךְ   בֵּיתֶךָ

CLIMB THE LADDER

Read each list of words.

Practice reading the words with a partner.

	כּ		כ כּ		ךְ ךָ
1	כַּלָּה	11	עַכְשָׁו	21	מֶלֶךְ
2	כּוֹס	12	סֻכּוֹת	22	בָּרוּךְ
3	כֹּל	13	בְּרָכוֹת	23	לָךְ
4	כָּשֵׁר	14	יִזְכֹּר	24	עַמְךָ
5	כָּבוֹד	15	יָכוֹל	25	דֶרֶךְ
6	כִּפּוּר	16	בֵּית-כְּנֶסֶת	26	לְבָבְךָ
7	כֹּהֵן	17	לִכְבוֹד	27	מְצַוְּךָ
8	כֶּתֶר	18	יָכֻלוּ	28	נַפְשְׁךָ
9	כֻּלָּם	19	חֲנֻכָּה	29	מְאֹדֶךָ
10	כַּוָּנָה	20	שֵׂכֶל	30	אֱלֹהֶיךָ

WRITING PRACTICE

Write the Letter

ךְ ךָ

Write the Words

Write the Hebrew word for *praised, blessed.*

Write the Hebrew word for *king, ruler.*

מֶלֶךְ

RHYME TIME

Read aloud the words on each line. Circle the word that does not sound like the other words. Now read aloud only the rhyming words. Write the word you circled.

1	דֶרֶךְ	מֶלֶךְ	שֶׁלְךָ	אֶרֶךְ	שֶׁלְךָ
2	קוּמְךָ	בָּרוּךְ	בֵּיתֶךָ	יָדֶךָ	
3	נַפְשְׁךָ	לְבָבְךָ	מְצַוְּךָ	אָרוּךְ	
4	מְאֹדֶךָ	בְּבֵיתֶךָ	מְבֹרָךְ	לְבָבֶךָ	
5	שִׁבְתְּךָ	עָלַיִךְ	דַּרְכְּךָ	לֶכְתְּךָ	
6	שְׁלוֹמֵךְ	מַעֲשֶׂיךָ	שְׂעָרֶיךָ	עֵינֶיךָ	

THE LIVING TRADITION בָּרוּךְ

We have a special way of saying "thank you" to God for God's gifts to us. We say a בְּרָכָה—words of praise and thanksgiving to God. The word בָּרוּךְ, which means "blessed" or "praised," is the first word of many blessings. Below are the six words that begin some of the blessings we recite. Read these words, and then read the concluding phrases that follow.

בָּרוּךְ אַתָּה, יְיָ אֱלֹהֵינוּ, מֶלֶךְ הָעוֹלָם...

Praised are You, Adonai our God, Ruler of the world...

Put a check next to the בְּרָכוֹת that you read correctly.

Which בְּרָכוֹת do you know?

1	___	הַמּוֹצִיא לֶחֶם מִן הָאָרֶץ.	*who brings forth bread from the earth.*
2	___	בּוֹרֵא פְּרִי הַגָּפֶן.	*who creates the fruit of the vine.*
3	___	בּוֹרֵא פְּרִי הָאֲדָמָה.	*who creates the fruit of the earth.*
4	___	בּוֹרֵא פְּרִי הָעֵץ.	*who creates the fruit of the tree.*
5	___	בּוֹרֵא מִינֵי מְזוֹנוֹת.	*who creates many kinds of food.*
6	___	שֶׁהַכֹּל נִהְיֶה בִּדְבָרוֹ.	*by whose word all things come into being.*
7	___	שֶׁהֶחֱיָנוּ וְקִיְּמָנוּ וְהִגִּיעָנוּ לַזְּמַן הַזֶּה.	*for keeping us in life, for sustaining us, and for helping us to reach this day.*

LESSON 25

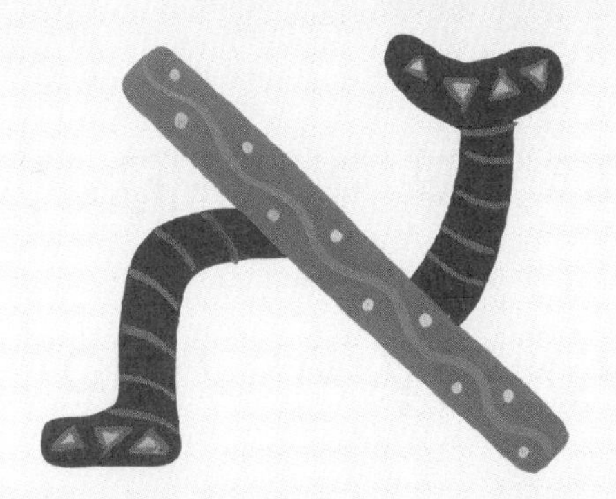

אָלֶף
alef

LETTERS YOU KNOW

בּ ת תּ שׁ מ ל כּ ה ר כ ב
ד א ו ק צ ע נ ן ח י ם
ט פּ ס פ ץ שׂ ג ז ך

VOWELS YOU KNOW

◌ַ ◌ָ ◌ְ ◌ֲ ◌ִ ◌ִי ◌וֹ
◌ֹ ◌ֳ ◌ֱ ◌ֵ ◌ֵי ◌וּ ◌ֻ

NEW LETTER

1 אַף דַף עוֹף קוֹף גוּף סוּף

2 כַּף תּוֹף עָף סוֹף תַּף כֵּף

3 יֵף נָף טֶף סָף רַף צוּף

אָלֶף
FINAL FAY

BE ALERT!

There are five letters in the Hebrew alphabet that have a different form when they come at the end of a word.

When a פ comes at the end of a word, it is a final ף.

What is the name of the letter? What sound does it make?

How are the two letters different?

NOW READ & READ AGAIN

1. נוֹף הֲדַף חַף עָיֵף סַף חוֹף
2. חֹרֶף תֵּיכֶף עֹרֶף עָנָף כֶּסֶף שָׂרַף
3. שֶׁטֶף יוֹסֵף אָלֶף חָלַף כָּתֵף כָּפַף
4. מוּסָף צָפוּף קְלַף זוֹקֵף קוֹטֵף לָעוּף
5. אָסַף נִשְׂרַף שִׁטּוּף רָצוּף כָּנָף יָחֵף
6. עַפְעַף מְרַחֵף רוֹדֵף שָׁלוֹם זוֹקֵף כְּפוּפִים
7. מְצַפְצֵף לְהִתְאַסֵּף לֶאֱסֹף הֶחֱלִיף לְשַׁפְשֵׁף
8. אָלֶף בֵּית וְצִוָּנוּ לְהִתְעַטֵּף בַּצִּיצִית

HERITAGE WORDS

Can you find these Hebrew words above? Read and circle them.

alef bet אָלֶף בֵּית *alef* אָלֶף

CHALLENGE

Can you find the Hebrew name for *Joseph* in the lines above?

Write the line number. ______________

Do you know the story of Joseph, the son of יַעֲקֹב and רָחֵל? ______________

Can you find the Hebrew word for *peace*? Write it here. ______________

READING RELAY

In column א Player 1 reads word 1. Player 2 reads words 1 and 2. Player 3 reads words 1 and 2 and 3. Continue the relay until Player 10 reads all ten words.

Then play Reading Relay with the words in columns ב and ג.

	א		ב		ג
	פּ		פּ פ		ף
1	פָּסוּק	11	אֲפִיקוֹמָן	21	כָּנָף
2	פּוֹקֵחַ	12	שׁוֹפָר	22	אָלֶף
3	פֻּרְקָן	13	גֶּפֶן	23	קְלַף
4	פְּעָמִים	14	סֵפֶר	24	יוֹסֵף
5	פָּרָשָׁה	15	תְּפִלָּה	25	רוֹדֵף
6	פּוּרִים	16	מַפְטִיר	26	מְרַחֵף
7	פֶּסַח	17	תְּפִילִין	27	מוּסָף
8	פְּרִי	18	לִפְנֵי	28	זוֹקֵף
9	פֶּרֶךְ	19	מִשְׁפָּחָה	29	תֵּיכֶף
10	פָּנִים	20	תַּפּוּחַ	30	אָסַף

CHALLENGE

Can you find the Hebrew word for *prayer*? ______________

Which line is it on? _________ Write the word here. ______________

WRITING PRACTICE

Write the Letter

ף

Write the Words

Write the Hebrew word for *alef.*

אָלֶף

Write the Hebrew word for *alef bet.*

אָלֶף בֵּית

SEARCH AND CIRCLE

Read aloud the Hebrew words on each line.

Three words on each line have letters that make the same sound as the English in the box. Circle the letters. Write the letters you circled.

1	CH	סוֹמֵךְ	לְפָנֶיךָ	תְּפִילִין	מַלְכוּתְךָ
2	CH	כְּבוֹד	בְּתוֹכֵנוּ	כָּמֹכָה	זוֹכֵר
3	F	מַפְטִיר	תְּפִלָּה	פָּנִים	אֲפִיקוֹמָן
4	F	רוֹדֵף	בָּרוּךְ	מוּסָף	זוֹקֵף
5	M	נוֹפְלִים	כְּפוּפִים	מְפַרְנֵס	הִתְפַּלֵּל
6	M	מָצוֹת	מִשְׁפָּטִים	שְׁמוֹ	טוּבוֹ
7	N	רָצוֹן	אֶרֶץ	הַזָּן	מָזוֹן
8	N	נֶאֱמָן	נַפְשְׁךָ	מִנְיָן	אָבִי
9	TS	חָמֵץ	אָמֵן	יַחַץ	עָצִיץ
10	TS	יִצְחָק	צִיּוֹן	עֶלְיוֹן	צְבָאָם

BE ALERT!

Five letters have final forms.

Can you write the final form of each Hebrew letter?

נ מ צ כ פ

THE LIVING TRADITION אָלֶף

אָלֶף is the name of the first letter in the Hebrew alphabet. The second letter in the Hebrew alphabet is בֵּית. That is why the name of the Hebrew alphabet is אָלֶף בֵּית. The English word *alphabet* comes from this Hebrew word. When we know the letters of the אָלֶף בֵּית, we can read Hebrew words, we can study the Torah, and we can pray from a סִדּוּר.

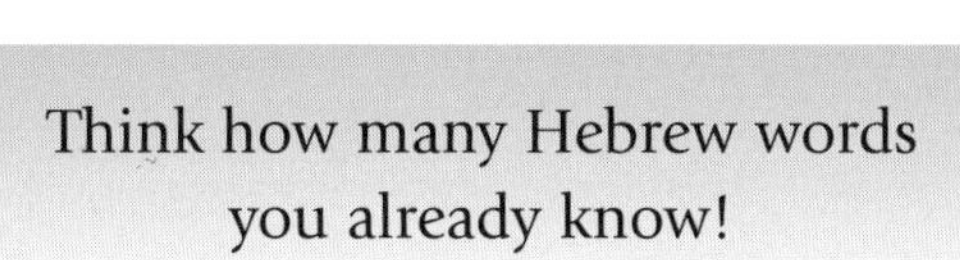
Think how many Hebrew words you already know!

LETTER NAMES

The names of the first ten letters of the Hebrew אָלֶף בֵּית are in the correct order. The letters are in random order. Write the correct letter above its name.

ג ח א ה י ו ד ט ב ז

אָלֶף　בֵּית　גִּימֶל　דָּלֶת　הֵא

וָו　זַיִן　חֵית　טֵית　יוֹד

THE אָלֶף בֵּית CHART

You have learned five new letters in Lessons 20-25:

שׁ ג ז ך ף.

Turn to the אָלֶף בֵּית Chart on page 160.
Color in the new letters. You have learned every letter in the אָלֶף בֵּית.
Recite the complete אָלֶף בֵּית!

SPECIAL RULES

Rule #1

ַי ָי ַאי

When ַ , ָ , and אַ are followed by the letter י at the end of a word, say "EYE" as in "SHY" (שַׁי).

1 חַי אֲזַי שַׁי דַי סִינַי אוּלַי

2 אֵלַי מָתַי שְׂפָתַי שַׁדַי הַלְוַאי בְּוַדַאי

3 אֲדֹנָי אֱלֹהָי בְּחַיַי מִצְווֹתָי חֻקוֹתַי רַבּוֹתַי

HERITAGE WORD

Can you find this Hebrew word above? Read and circle it.

live חַי

BE ALERT!

When וֹ comes after a letter that already has a vowel, it is pronounced ווֹ.

מִצְוֹת = מִצְווֹת

מִצְוֹתָי = מִצְווֹתָי

Rule #2
וֹי וּי

When the vowel וֹ is followed by the letter י at the end of a word, say "OY" as in "boy." When the vowel וּ is followed by the letter י at the end of a word, say "OOEY" as in "gooey."

1 אוֹי גוֹי נוֹי הוֹי אֲבוֹי כּוֹי

2 צִוּוּי קָנוּי עָשׂוּי רָצוּי גָלוּי וִדּוּי

3 פָּנוּי וַאֲבוֹי עִלּוּי בָּנוּי רָאוּי שָׁבוּי

Rule #3
ָיו ֶיךָ

When ָיו or ֶיךָ come at the end of word, the letter י is silent.

1 דְבָרָיו אֵלָיו לְפָנָיו נִסֶּיךָ עֵינֶיךָ חֲסָדֶיךָ

2 עֲבָדֶיךָ מַעֲשֶׂיךָ אֱלֹהֶיךָ לְבָנֶיךָ וּבִשְׁעָרֶיךָ

3 מִצְוֹתָיו רַחֲמָיו אֱלֹהָיו בִּמְרוֹמָיו בְּמִצְוֹתָיו

Can you find these Hebrew words above? Read and circle them.

with God's commandments בְּמִצְוֹתָיו

Your kindnesses חֲסָדֶיךָ

Rule #4
יְהוָֹה יְיָ

In the prayerbook and in the Torah, God's name is written יְהוָֹה, יְיָ, or אֲדֹנָי.

We pronounce God's name "Adonai" (אֲדֹנָי).

Read the following סִדּוּר phrases. Underline God's name each time you read it.

1 ___ אֲדֹנָי שְׂפָתַי תִּפְתָּח וּפִי יַגִּיד תְּהִלָּתֶךָ

2 ___ בָּרוּךְ אַתָּה יְיָ נוֹתֵן הַתּוֹרָה

3 ___ שְׁמַע יִשְׂרָאֵל יְהוָֹה אֱלֹהֵינוּ יְהוָֹה אֶחָד

4 ___ אַתָּה גִּבּוֹר לְעוֹלָם אֲדֹנָי

5 ___ אַשְׁרֵי הָעָם שֶׁיְיָ אֱלֹהָיו

In the סִדּוּר we find additional names for God.
Read the following סִדּוּר phrases. The names for God are underlined.

1 ___ אֵל אָדוֹן עַל כָּל הַמַּעֲשִׂים — God

2 ___ וַיְבָרֶךְ אֱלֹהִים אֶת יוֹם הַשְּׁבִיעִי — God

3 ___ אֲרוֹמִמְךָ אֱלֹהַי הַמֶּלֶךְ — my God

4 ___ בָּרוּךְ אַתָּה יְיָ אֱלֹהֵינוּ מֶלֶךְ הָעוֹלָם — our God

5 ___ אֱלֹהֵי אַבְרָהָם, אֱלֹהֵי יִצְחָק, וֵאלֹהֵי יַעֲקֹב — God of

How well did you read?
Put a check next to the phrases that you can read correctly.

Rule #5

כָּל = כֹּל

Sometimes the vowel ָ is pronounced "oh."

1 כָּל נִדְרֵי שֶׁבְּכָל הַלֵּילוֹת

2 וּבְכָל נַפְשְׁךָ וּבְכָל מְאֹדֶךָ

3 קֹדֶשׁ קָדְשׁוֹ קָדְשְׁךָ וּבְשָׁכְבְךָ

4 אָזְנַיִם גָדְלוֹ עָבְדְךָ חָפְשִׁי עָזִי

Rule #6

וֹ = ֳ

The vowel ֳ is always pronounced "oh."

1 אֳנִיָּה עֳנִי צִפֳּרִים חֳדָשִׁים עֳמָרִים

Rule #7

צָהֳרַיִם

When the vowel ָ comes before the vowel ֳ in a word, both vowels are pronounced "oh."

1 אָהֳלִים צָהֳרַיִם מָחֳרַת נָעֳמִי צָהֳלָה פָּעֳלִי

SELECTED READINGS

שְׁמַע / וְאָהַבְתָּ

1 שְׁמַע יִשְׂרָאֵל, יְיָ אֱלֹהֵינוּ, יְיָ אֶחָד.

2 בָּרוּךְ שֵׁם כְּבוֹד מַלְכוּתוֹ לְעוֹלָם וָעֶד.

3 וְאָהַבְתָּ אֵת יְיָ אֱלֹהֶיךָ

4 בְּכָל לְבָבְךָ וּבְכָל נַפְשְׁךָ וּבְכָל מְאֹדֶךָ.

5 וְהָיוּ הַדְּבָרִים הָאֵלֶּה

6 אֲשֶׁר אָנֹכִי מְצַוְּךָ הַיּוֹם עַל לְבָבֶךָ.

7 וְשִׁנַּנְתָּם לְבָנֶיךָ וְדִבַּרְתָּ בָּם

8 בְּשִׁבְתְּךָ בְּבֵיתֶךָ וּבְלֶכְתְּךָ בַדֶּרֶךְ

9 וּבְשָׁכְבְּךָ וּבְקוּמֶךָ.

10 וּקְשַׁרְתָּם לְאוֹת עַל יָדֶךָ

11 וְהָיוּ לְטֹטָפֹת בֵּין עֵינֶיךָ.

12 וּכְתַבְתָּם עַל מְזֻזוֹת בֵּיתֶךָ וּבִשְׁעָרֶיךָ.

בִּרְכוֹת הַתּוֹרָה

1 בָּרְכוּ אֶת יְיָ הַמְבֹרָךְ.

2 בָּרוּךְ יְיָ הַמְבֹרָךְ לְעוֹלָם וָעֶד.

3 בָּרוּךְ אַתָּה יְיָ אֱלֹהֵינוּ מֶלֶךְ הָעוֹלָם,

4 אֲשֶׁר בָּחַר בָּנוּ מִכָּל הָעַמִּים

5 וְנָתַן לָנוּ אֶת תּוֹרָתוֹ.

6 בָּרוּךְ אַתָּה יְיָ נוֹתֵן הַתּוֹרָה.

1 בָּרוּךְ אַתָּה יְיָ אֱלֹהֵינוּ מֶלֶךְ הָעוֹלָם,

2 אֲשֶׁר נָתַן לָנוּ תּוֹרַת אֱמֶת

3 וְחַיֵּי עוֹלָם נָטַע בְּתוֹכֵנוּ.

4 בָּרוּךְ אַתָּה יְיָ נוֹתֵן הַתּוֹרָה.

וְזֹאת הַתּוֹרָה

1 וְזֹאת הַתּוֹרָה
2 אֲשֶׁר שָׂם מֹשֶׁה
3 לִפְנֵי בְּנֵי יִשְׂרָאֵל
4 עַל פִּי יְיָ בְּיַד מֹשֶׁה.

עֵץ חַיִּים הִיא

1 עֵץ חַיִּים הִיא לַמַּחֲזִיקִים בָּהּ
2 וְתֹמְכֶיהָ מְאֻשָּׁר
3 דְּרָכֶיהָ דַרְכֵי נֹעַם
4 וְכָל נְתִיבוֹתֶיהָ שָׁלוֹם.

עָלֵינוּ

1 עָלֵינוּ לְשַׁבֵּחַ לַאֲדוֹן הַכֹּל

2 לָתֵת גְּדֻלָּה לְיוֹצֵר בְּרֵאשִׁית.

3 שֶׁלֹּא עָשָׂנוּ כְּגוֹיֵי הָאֲרָצוֹת

4 וְלֹא שָׂמָנוּ כְּמִשְׁפְּחוֹת הָאֲדָמָה...

5 וַאֲנַחְנוּ כּוֹרְעִים וּמִשְׁתַּחֲוִים וּמוֹדִים
לִפְנֵי מֶלֶךְ מַלְכֵי הַמְּלָכִים,

6 הַקָּדוֹשׁ בָּרוּךְ הוּא...

7 וְנֶאֱמַר: וְהָיָה יְיָ לְמֶלֶךְ עַל-כָּל-הָאָרֶץ

8 בַּיּוֹם הַהוּא יִהְיֶה יְיָ אֶחָד וּשְׁמוֹ אֶחָד.

אֵין כֵּאלֹהֵינוּ

1	אֵין כֵּאלֹהֵינוּ	אֵין כַּאדוֹנֵינוּ
2	אֵין כְּמַלְכֵּנוּ	אֵין כְּמוֹשִׁיעֵנוּ.
3	מִי כֵאלֹהֵינוּ	מִי כַאדוֹנֵינוּ
4	מִי כְמַלְכֵּנוּ	מִי כְמוֹשִׁיעֵנוּ.
5	נוֹדֶה לֵאלֹהֵינוּ	נוֹדֶה לַאדוֹנֵינוּ
6	נוֹדֶה לְמַלְכֵּנוּ	נוֹדֶה לְמוֹשִׁיעֵנוּ.
7	בָּרוּךְ אֱלֹהֵינוּ	בָּרוּךְ אֲדוֹנֵינוּ
8	בָּרוּךְ מַלְכֵּנוּ	בָּרוּךְ מוֹשִׁיעֵנוּ.
9	אַתָּה הוּא אֱלֹהֵינוּ	אַתָּה הוּא אֲדוֹנֵינוּ
10	אַתָּה הוּא מַלְכֵּנוּ	אַתָּה הוּא מוֹשִׁיעֵנוּ.

מַה נִּשְׁתַּנָּה

מַה נִּשְׁתַּנָּה הַלַּיְלָה הַזֶּה מִכָּל הַלֵּילוֹת?

1 שֶׁבְּכָל הַלֵּילוֹת אָנוּ אוֹכְלִין
חָמֵץ וּמַצָּה. הַלַּיְלָה הַזֶּה כֻּלּוֹ מַצָּה.

2 שֶׁבְּכָל הַלֵּילוֹת אָנוּ אוֹכְלִין
שְׁאָר יְרָקוֹת. הַלַּיְלָה הַזֶּה מָרוֹר.

3 שֶׁבְּכָל הַלֵּילוֹת אֵין אָנוּ
מַטְבִּילִין אֲפִילוּ פַּעַם אֶחָת. הַלַּיְלָה
הַזֶּה שְׁתֵּי פְעָמִים.

4 שֶׁבְּכָל הַלֵּילוֹת אָנוּ אוֹכְלִין
בֵּין יוֹשְׁבִין וּבֵין מְסֻבִּין.
הַלַּיְלָה הַזֶּה כֻּלָּנוּ מְסֻבִּין.

הַתִּקְוָה

1 כָּל עוֹד בַּלֵּבָב פְּנִימָה
2 נֶפֶשׁ יְהוּדִי הוֹמִיָּה,
3 וּלְפַאֲתֵי מִזְרָח קָדִימָה,
4 עַיִן לְצִיּוֹן צוֹפִיָּה;
5 עוֹד לֹא אָבְדָה תִקְוָתֵנוּ,
6 הַתִּקְוָה בַּת שְׁנוֹת אַלְפַּיִם,
7 לִהְיוֹת עַם חָפְשִׁי בְּאַרְצֵנוּ,
8 אֶרֶץ צִיּוֹן וִירוּשָׁלָיִם.